T0063758

TOP**10**
NUEVA YORK

Top 10 Nueva York

Lo mejor de Nueva York

CONTENIDS

Recorridos por Nueva York

Las listas Top 10 de esta guía no siguen un orden jerárquico en cuanto a calidad o popularidad. Cualquiera de las 10 opciones, a juicio del editor, tiene el mismo mérito.

De acuerdo con la denominación americana, el primer piso (*first floor*) es el que está a ras de calle.

Portada, cubierta y lomo *La impresionante línea del cielo de Manhattan al amanecer* ***Contraportada*** *desde arriba a la izquierda en sentido horario, edificios coloridos en Gay Street; taxis amarillos atravesando Times Square; el High Line; línea del cielo de Manhattan; Central Park en invierno*

Datos útiles

Debido a la pandemia de COVID-19 muchos hoteles, restaurantes y tiendas han modificado sus horarios o se han visto obligados a cerrar. Por favor, consulte con cada establecimiento antes de acudir.

Toda la información de esta Guía Visual Top 10 se comprueba regularmente. Se han hecho todos los esfuerzos para que esta guía esté lo más actualizada posible a fecha de su edición. Sin embargo, algunos lugares han podido cerrar y algunos datos, como números de teléfono, horarios, precios e información práctica, pueden sufrir cambios. La editorial no se hace responsable de las consecuencias que se deriven del uso de este libro, ni de cualquier material que aparezca en los sitios web de terceros, además no puede garantizar que todos los sitios web de esta guía contengan información de viajes fiable. Valoramos mucho las opiniones y sugerencias de nuestros lectores. Puede escribir al correo electrónico: **travelguides@dk.com**

Bienvenido a
Nueva York

Nueva York es una de las ciudades más atractivas del mundo por lo mucho que ofrece a quienes la visitan: Broadway, museos de fama mundial y tiendas de la Quinta Avenida, además de su incomparable gastronomía. Con esta guía Top 10 podrá sacarle el máximo partido a su estancia.

New York, New York. La ciudad es tan bonita que hay que nombrarla dos veces. Es cierto: no hay otro lugar en todo el país en el que se puedan hacer tantas cosas: navegar por el **río Hudson,** ascender hasta la corona de la **Estatua de la Libertad,** observar la preciosa colección de pintura y escultura del **Metropolitan Museum of Art,** pasearse a la sombra de los árboles por **Central Park** o tomar algo mientras se avista el horizonte más reconocible del planeta.

La oferta gastronómica de Nueva York es incomparable. Se puede elegir entre un sinnúmero de opciones, ya sean ruidosas *trattorias* italianas o charcuterías para *gourmets* con bocadillos de pastrami. Los excelentes museos, como el **Metropolitan,** junto con iconos turísticos como el **Empire State Building,** hacen de Nueva York un destino cultural de primer orden. La escena teatral no le va a la zaga, con producciones para todos los gustos: espectáculos de Broadway con grandes elencos y teatro alternativo con futuros talentos. Disfrute de la noche neoyorquina y sabrá por qué la llaman "la ciudad que nunca duerme". Las fiestas empiezan tarde y continúan de madrugada en los locales nocturnos del **Meatpacking District** y el **Lower East Side**, siempre llenos a rebosar.

Con esta guía Top 10 no se perderá nada, tanto si permanece en Nueva York una semana como si son dos días: desde **Tribeca** hasta el elegante **Upper East Side**. La guía incluye consejos para saber, por ejemplo, en qué lugares no se cobra entrada o cuáles son las rutas menos frecuentadas, además de 15 sencillos itinerarios que permiten ver varios lugares en poco tiempo. Añádale fotografías inspiradoras y mapas detallados y tendrá el compañero de viaje de bolsillo esencial. **Disfrute de la guía** y **disfrute de Nueva York.**

De arriba abajo, en el sentido de las agujas del reloj: **Metro de Fulton St., Distrito Financiero, Estatua de la Libertad, Grand Central Terminal, Times Square, Edificio Chrysler, Bethesda Terrace Arcade en Central Park**

Explorar Nueva York

Nueva York está repleta de sonidos, de gente y monumentos. Tanto si es una visita corta como si es una estancia de una semana, conviene planificarla para aprovechar el tiempo. Estas ideas para explorar la ciudad en dos o cuatro días le ayudarán.

Dos días en Nueva York

Día ❶

MAÑANA
Vea la **Estatua de la Libertad** *(ver pp. 20-21)* y luego dé una vuelta por **Lower Manhattan** *(ver pp. 78-83)* para fotografiar el **puente de Brooklyn** *(ver p. 85)*. Descanse para comer en el **Seaport District NYC** *(ver p. 89)*.

TARDE
Recorra **Central Park** *(ver pp. 32-33)* antes de entrar en el **Metropolitan Museum of Art** *(ver pp. 34-37)*.

Día ❷

MAÑANA
Disfrute con la panorámica desde la azotea del **Empire State Building** *(ver pp. 12-13)* y luego vaya de compras a la **Quinta Avenida** *(ver pp. 14-15)*.

TARDE
Visite el **American Museum of Natural History** *(ver pp. 40-43)* y termine el recorrido del día entre los espectaculares y brillantes letreros de **Times Square** y el **Distrito de Teatros** *(ver pp. 28-31)*.

Cuatro días en Nueva York

Día ❶

MAÑANA
Aviste el horizonte desde la azotea del **Empire State Building** *(ver pp. 12-13)* y recorra luego la **Quinta Avenida** *(ver pp. 14-15)*. Pase por la **Biblioteca Pública de Nueva York** *(ver p. 128)* y entre en la **Grand Central Terminal** *(ver p. 127)* antes de detenerse en el **Rockefeller Center** *(ver pp. 16-19)*.

TARDE
Sumérjase en la sin igual colección del **Metropolitan Museum of Arts** *(ver pp. 34-37)* y pasee por **Central**

Vista desde la calle de los **rascacielos de Lower Manhattan**.

Park *(ver pp. 32-33)*. El **Solomon R. Museo Guggenheim** *(ver pp. 38-39)* también merece la pena.

Día ❷

MAÑANA
Tome el ferri (debe reservarse con antelación) para ver el amanecer desde **Ellis Island** *(ver pp. 22-25)* y ascienda hasta la corona de la **Estatua de la Libertad** *(ver pp. 20-21)*.

TARDE
De vuelta en Manhattan, cruce **Battery Park** *(ver p. 81)* hasta llegar al **National September 11 Memorial and Museum** *(ver p. 80)*. A continuación, vaya a Lower Manhattan pasando por City Hall Park *(ver p. 87)* y el **puente de Brooklyn** *(ver p. 85)*. Atraviese el puente para explorar **Brooklyn Heights** *(ver p. 155)* y quédese a cenar y tomar alguna copa.

Día ❸

MAÑANA
Explore el **American Museum of Natural History** *(ver pp. 40-43)* y no se pierda el **Rose Center for Earth and Space,** el planetario del museo.

Fachada de la estación Grand Central Terminal coronada por el reloj de 4 m.

City Hall Park en plena floración, con el Ayuntamiento y el edificio municipal entre las plantas.

TARDE

Pasee por el **Upper West Side** *(ver pp. 142-147)* hasta el **Lincoln Center** *(ver p. 142)* y luego vaya a **Times Square** y al **Distrito de Teatros** *(ver pp. 28-31)*. Compre entradas para alguna función en **TKTS Booth** *(ver p. 73)*.

Día ❹

MAÑANA

Visite el parque elevado de **High Line** *(ver p. 121)*. Recobre fuerzas en **Chelsea Market** *(ver p. 122)*, con quesos, panadería y repostería.

TARDE

Explore **Greenwich Village** *(ver pp. 108-113)* y cruce **Washington Square Park** *(ver pp. 108-109)* de camino a la oferta gastronómica y los cocteles del **SoHo** y **Tribeca** *(ver pp. 102-107)*.

Leyenda

━ Itinerario de dos días
━ Itinerario de cuatro días

Top 10 Nueva York

Vista aérea de Manhattan y el río Hudson

🔟 Lo esencial de Nueva York

Con sus rascacielos, grandes museos y el brillo de Broadway, Nueva York es una ciudad de superlativos. Cuenta con innumerables atractivos, de los que se puede decir que unos cuantos definen a la ciudad entera. En este capítulo se detallan los más importantes.

1 Empire State Building

Este rascacielos de estilo *art déco* es uno de los símbolos más reconocibles de la ciudad. Ofrece vistas inolvidables *(ver pp. 12-13)*.

2 Quinta Avenida

Tiendas de lujo y grandiosos edificios describen esta avenida. Uno de los lugares más conocidos de Nueva York *(ver pp. 14-15)*.

3 Rockefeller Center

Una maravilla con jardines, restaurantes, tiendas, más de 100 obras de arte, oficinas y pista de patinaje *(ver pp. 16-19)*.

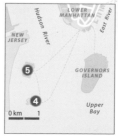

④ Estatua de la Libertad

Un símbolo de libertad para los millones de personas que buscaban una nueva vida en América *(ver pp. 20–21)*.

⑤ Ellis Island

En sus edificios se reconstruyen los avatares de los inmigrantes que se trasladaron a Nueva York a lo largo de los años *(ver pp. 22-25)*.

⑥ Times Square y el Distrito de Teatros

Luces radiantes iluminan Broadway y Times Square, donde hay más de 40 teatros en los que se representan espectáculos de primera categoría *(ver pp. 28-31)*.

⑦ Central Park

La zona verde donde refugiarse del asfalto. Se necesitaron 16 años y más de 500.000 árboles para completarlo *(ver pp. 32-33)*.

⑧ Metropolitan Museum of Art

Se tardarían semanas en ver todos los tesoros de este museo, que alberga una de las mayores colecciones del mundo occidental. Cubre 5.000 años de cultura *(ver pp. 34-37)*.

0 kilómetros 1

⑨ Solomon R. Guggenheim Museum

Este edificio de Frank Lloyd Wright es una obra de arte en sí mismo y el marco ideal para una magnífica colección de arte contemporáneo *(ver pp. 38-39)*.

⑩ American Museum of Natural History

Famoso por sus dinosaurios, el museo llega hasta la era espacial con el impresionante Rose Center for Earth and Space *(ver pp. 40-43)*.

🔟 ⭐ Empire State Building

El Empire State Building es el rascacielos más famoso de Nueva York. Más de 120 millones de visitantes han contemplado las vistas de la ciudad desde el mirador, que se abrió en 1931. Diseñado en la decada de 1920 por el estudio de arquitectos Shreve, Lamb y Harmon, este edificio *art déco* fue finalizado en plena Depresión y permaneció vacío durante varios años, por lo que se le llamó el Empty –vacío– State Building. Ha aparecido en numerosas películas, la más conocida, *King Kong*.

1 El edificio
Se construyó un mástil de amarre para dirigibles –ahora alberga una torre de televisión– para que el edificio de 102 pisos (443 m) fuese más alto que el Chrysler Building.

2 Mural del vestíbulo
En la entrada principal hay un relieve *art déco* de 11 metros del Empire State Building en acero, aluminio y oro que impresiona a quien lo observa **(izquierda)**.

3 Los ascensores
Mientras suben al piso 80, los visitantes pueden ver en el techo del ascensor una animada dramatización que representa la construcción del edificio.

4 Mirador principal
Impresionantes vistas desde el observatorio al aire libre del piso 86, a 320 m de altura. Atrae a más de 4 millones de visitantes cada año.

5 Mirador superior
En un día claro se puede divisar un panorama que alcanza los 130 km **(abajo)**. Las entradas se venden en Internet o en el centro de visitantes (33 $ más).

INFORMACIÓN ÚTIL

PLANO K3 ▪ 350 5th Ave, con 34th St
▪ www.esbnyc.com

Horario: 8.00-2.00 todos los días

Plataforma principal: adultos 42 $, tercera edad (+62) 40 $, niños (6-12) 36 $, ticket exprés 78 $ para todo
Plataforma superior: suplemento 33 $; niños menores de 6 años gratis; guía multimedia con todas las entradas

▪ Si lo visita al final del día verá cómo se encienden las luces de la ciudad. No se permite llevar bolsas grandes.

⑨ Exposiciones del segundo piso

Nueve exposiciones interactivas hacen una crónica del edificio: desde su construcción hasta su condición de icono pop en la cultura actual.

Empire State Building

⑥ La aguja

Se ilumina para conmemorar los días festivos y eventos de los grupos étnicos de Nueva York: el rojo, blanco y azul son para las fiestas nacionales, el verde para el día de San Patricio **(arriba)** y el blanco y el azul para la Janucá.

⑩ Centro de visitantes

Este amplio espacio con aire acondicionado, puntos de información de autoservicio y conserjes virtuales es donde los visitantes pueden comprar o imprimir billetes, orientarse y pasar el control de seguridad.

⑦ Carrera del Empire State

Cada mes de febrero desde 1978, cientos de corredores suben a pie los 1.576 escalones que van desde la entrada hasta el piso 86 **(arriba).**

⑧ Día de San Valentín

 Las bodas en el Empire State Building son una tradición desde 1994. Cada año se seleccionan una o dos parejas para que se casen en el único día que se celebran bodas en el edificio.

CONSTRUCCIÓN DEL EMPIRE STATE

William F. Lamb diseñó el edificio con la indicación de que "lo hiciera grande". Se tardaron 410 días en construir este rascacielos de 102 pisos y 365.000 toneladas de granito y piedra caliza, lo que supone una media de cuatro pisos y medio a la semana. Sin embargo, en una ocasión el grupo de 3.500 obreros logró completar 10 pisos en 10 días. Debido a sus cimientos poco profundos, se emplearon 60.000 toneladas de vigas de acero para soportar la estructura.

隐10 ⭐ Quinta Avenida

La calle más famosa de Nueva York y donde se alzan edificios emblemáticos. A finales del siglo XIX estaba bordeada por mansiones, pero conforme los comercios se fueron trasladando hacia el norte, los millonarios se mudaron a la parte alta de la ciudad. Una de las mansiones que quedan de aquella época es el edificio de Cartier, del banquero Morton F. Plant, que lo cambió, dicen, por un collar de perlas. Se han establecido numerosas empresas, pero la zona es aún el núcleo de las tiendas de lujo.

1 Grand Army Plaza
Esta plaza está presidida por el Plaza Hotel, de 1907, y la estatua dorada del general W. T. Sherman. uno de los líderes militares más famosos de la historia de los EE.UU.

2 General Motors Building
Este rascacielos de mármol, erigido en 1968 por Edward Durrell Stone, es interesante no solo por su arquitectura, sino por el cubo de cristal que Apple (ver p. 130) ha levantado para dar entrada a su tienda subterránea.

3 Bergdorf Goodman
Fundado en 1899 como comercio de moda para señoras, lleva en su ubicación actual desde 1928 y es el gran almacén más exclusivo de la ciudad **(izquierda).** Vende ropa contemporánea de diseñadores.

4 Tiffany & Co.
La novela de Truman Capote *Desayuno con diamantes* (1958) la convirtió en la joyería más famosa. Los escaparates son tan artísticos como los objetos que se venden en su interior.

5 Trump Tower
Dotada de un atrio de seis plantas de altura, la Trump Tower **(izquierda)** cuenta con jardines colgantes y una cascada de 24 m.

6 Catedral de San Patricio
James Renwick Jr. diseñó (1878) el mayor templo de la ciudad *(ver p. 128)*, de estilo gótico francés **(arriba).** Destacan las puertas de bronce, el altar mayor, la Capilla de la Virgen y el rosetón.

⑧ Cartier

Este admirable edificio neorrenacentista de 1905 alberga la sede de la famosa firma de joyerías. Durante las navidades se envuelve el edificio con una cinta roja **(izquierda)**.

⑨ Saks Fifth Avenue

Con su edificio de 1924, es uno de los mejores almacenes de Nueva York, famoso por la decoración del piso principal, que cambia con la estación, y por sus exclusivos diseños (ver p. 70).

MILLIONNAIRES' ROW

A principios del s. XIX, la Quinta Avenida era la zona de la alta sociedad, con mansiones que tras la Guerra Civil llegaron a valer 20.000 dólares. Pero a finales de ese siglo, a medida que se abrían establecimientos comerciales intercalados entre las grandes casas, los millonarios fueron mudándose más al norte. Esta moda fue iniciada por la señora Astor, quien se trasladó a la calle 65 después de que su sobrino W. Waldorf Astor levantara el hotel Waldorf junto a su antigua mansión.

⑦ Biblioteca Pública de Nueva York

Epítome de la elegancia del estilo *beaux arts*, este edificio de 1911 (ver p. 128) presenta salas de mármol y una sala de lectura con luz natural **(arriba)**.

⑩ Microsoft Store

Esta emblemática tienda (ver p. 130) ofrece los últimos aparatos, una torre de vídeo, cosas de Xbox, un salón de juego y un centro de experiencias Dell. Hay talleres y visitas guiadas gratuitas.

INFORMACIÓN ÚTIL
MAPA H3–K3
El corazón de la Quinta Avenida va desde el Empire State en la calle 34 hasta la Grand Army Plaza, en la 49; un trecho de más de una milla (1.6 km)
Bergdorf Goodman: 754 5th Ave, en la calle 57
General Motors Building: 767 5th Ave

Tiffany & Co.: 727 5th Ave
Trump Tower: 721–725 5th Ave
St. Patrick's Cathedral: 5th Ave, entre las calles 50 y 51
New York Public Library: 5th Ave, en la calle 42
Cartier: 653 5th Ave
Saks Fifth Avenue: 611 5th Ave, en la calle 50

Microsoft Store: 677 5th Ave, en la calle 53

■ Visitas guiadas gratuitas de la Biblioteca Pública de Nueva York: 11.00 y 14.00 lu-sá, 14.00 do (excepto jul y ago).

■ Para oír misa en la catedral de St. Patrick's, consulte horarios en la página web (www.saint patrickscathedral.org).

TOP10 ⭐ Rockefeller Center

Esta ciudad dentro de la ciudad –que se comenzó a construir en la década de 1930 y es Monumento Histórico Nacional– fue el primer proyecto que integraba jardines, tiendas y restaurantes con oficinas. Es el corazón del Midtown de Manhattan, activo a toda hora. Aunque se compone de 19 edificios, los más recientes no concuerdan con el elegante estilo *art déco* de los 14 del proyecto original.

Comcast Building ③

La pieza central del Rockefeller Center o "30 Rock" es una torre de 70 pisos de piedra caliza **(derecha)**. El edificio, con retranqueos verticales, alberga los estudios del canal de televisión NBC.

④ Lower Plaza

Pista de patinaje en invierno y café al aire libre en verano, estos jardines son un punto de encuentro. Están rodeados de banderas de los países de la ONU.

① Channel Gardens

Reciben su nombre del Canal de la Mancha, ya que estos jardines separan los edificios inglés y francés del complejo **(arriba).** Cambian según el calendario y colocan ángeles en Navidad.

② Estatua de Prometeo

Esta escultura de oro y bronce de 5,5 metros **(arriba)**, obra de Paul Manship, preside Lower Plaza. El pedestal representa a la Tierra y el anillo al firmamento.

7 Estatua de Atlas

Obra de Lee Lawrie, esta figura de 6.350 kg y 4,5 m está sobre un pedestal de 3 m **(izquierda)**. En la entrada del International Building, es una de las 15 esculturas de Lawrie en el Rockefeller Center.

5 Today Show Studio

Se puede asistir desde la acera a la grabación en directo de este programa cualquier día de la semana. En la plaza suelen organizarse conciertos en directo.

8 NBC Studios

Las visitas a los estudios de la NBC son muy populares **(abajo)**. Las entradas se pueden adquirir por internet. A veces se pueden conseguir entradas de última hora en el Comcast Building.

6 De compras en el vestíbulo

Una gran variedad de comercios, entre ellos una tienda Lady M Cake Boutique, se agrupa en la explanada cubierta del Comcast building.

JOHN D. ROCKEFELLER, JR.

Multimillonario y filántropo, John D. Rockefeller Jr. (1874-1960) era hijo y heredero del magnate del petróleo John Davison Rockefeller de Ohio. Creyó firmemente en que su herencia debía ser empleada en beneficio público. Entre sus donaciones, destacan las que hizo para la construcción de los claustros medievales *(ver p. 37)* y la sede de las Naciones Unidas *(ver p. 128)*.

9 Radio City Music Hall

Las visitas a esta obra *art déco* y antiguo palacio del cine permiten admirar el decorado, el escenario y el órgano Wurtlizer *(ver p. 63)*.

10 Top of the Rock

Desde aquí puede disfrutar de unas vistas impresionantes de la ciudad en todas direcciones. El mirador está distribuido en tres pisos **(abajo)**.

INFORMACIÓN ÚTIL

PLANO J3 ■ se extiende desde la Quinta a la Sexta avenidas, entre las calles 48 y 51 ■ www.rockefellercenter.com

NBC Studios: 30 Rockefeller Plaza; entre bastidores visitas guiadas cada 20 min 8.20-14.20 lu-vi; hasta 18.00 algunos sa y do; reservas: www.thetouratnbcstudios. com; programas en directo, reservas: www. nbc.com/tickets; adultos 33 $, tercera edad (+55) y niños (6-12) 29 $; se recomienda reservar

Today Show Studio: Rockefeller Plaza con la calle 49; 7.00-11.00 lu-vi, 7.00-9.00 sá, 8.00-9.00 do

Top of the Rock: 30 Rockefeller Plaza; 212 698 2000; 8.00-medianoche todos los días (último ascensor 23.00); se cobra entrada: adultos 38 $, tercera edad (+62) 36 $, niños (6-12) 32 $; www.topoftherocknyc.com

■ Desde 5th Avenue, camine por Channel Gardens hasta Lower Plaza.

■ Tome un folleto para seguir la visita desde el vestíbulo del Comcast Building.

Arte en el Rockefeller Center

1 American Progress

Este mural de Josep María Sert (1876-1945) representa el desarrollo de América durante 300 años gracias a la unión de la fuerza intelectual y física. Otro mural de Sert, *Time,* adorna uno de los techos.

2 Wisdom

En *Wisdom* (Sabiduría), obra de Lee Lawrie (1877-1963), la figura central sostiene un compás que apunta hacia las ondas de luz y sonido; está grabado en una pantalla hecha de 240 bloques de cristal.

3 Paneles de Gaston Lachaise

En estos dos paneles, el escultor estadounidense (1882-1935) recuerda la contribución de los obreros a la construcción de Rockefeller Center.

4 News

Panel de acero inoxidable de Isamu Noguchi (1904-1988) que representa las herramientas de la prensa, incluidos la cámara, el teléfono, un bloc de notas y el bolígrafo.

5 Industries of the British Empire

De bronce y acabado en pan de oro, este panel de Carl Paul Jennewein (1890-1980) en el British Empire Building representa las industrias cruciales para la construcción del Imperio Británico. Un sol simboliza la extensión del imperio.

Industries of the British Empire

6 Intelligence Awakening Mankind

Cerca de un millón de teselas en más de 200 colores componen este mosaico de Barry Faulkner (1881-1966), que representa la palabra escrita y hablada.

Intelligence Awakening Mankind

7 Portals

Planchas delgadas y pulidas de mármol de Carrara de Josef Albers (1961) que forman una superficie de cuadrados retranqueados que dan sensación de profundidad.

8 Winged Mercury

Creado en 1933 por Lee Lawrie, este relieve del dios romano Mercurio celebra al Imperio Británico. La figura clásica de oro lleva un casco, símbolo de protección.

Winged Mercury

9 The Story of Mankind

Esta "historia de la humanidad", obra de Lawrie, tiene quince bloques grabados en oro, escarlata y verde azulado. Sobre la historia aparece un reloj como símbolo del paso del tiempo.

10 Wall Drawing 896

Este moderno mural es un diseño geométrico creado por Sol LeWitt en 1999; cubre 4 muros de la entrada a las oficinas de Christie's en la calle 48 con colores brillantes.

LA CONSTRUCCIÓN DEL ROCKEFELLER CENTER

Cuando la gran Depresión obligó a John D. Rockefeller a renunciar a su proyecto de un teatro de ópera, lo sustituyó por un enorme complejo recreativo y comercial. El diseño *art déco*, obra de Raymond Hood, incluye media manzana a nivel de la calle (Rockefeller Plaza) y una explanada por debajo del suelo. Los 14 edificios construidos entre 1931y 1940 dieron trabajo a más de 225.000 personas durante los años más duros de la Depresión. Más de 30 artistas contribuyeron con obras para los vestíbulos, fachadas y jardines como parte del programa *"New Deal".*

TOP 10
DATOS ESTADÍSTICOS

1 El edificio más alto: 259 m, 70 pisos

2 Ascensores: 388

3 Velocidad del ascensor: 427 m por minuto (37 segundos sin parar hasta el piso 65)

4 Espacio de oficinas en alquiler: 871.684 m²

5 Ventanas: 15.550

6 Número de banderas en torno a la Plaza: 200

7 Restaurantes: 51

8 Tiendas: 100

9 Visitantes diarios: 470.000 (laborables)

10 Visitantes diarios: 798.000 (vacaciones)

Folleto de Radio City

El Rockefeller Center en construcción en 1932

⭐ Estatua de la Libertad

"La Libertad iluminando el mundo" es un símbolo para millones de personas desde 1886. Fue un regalo de Francia para conmemorar el centenario de la independencia de Estados Unidos. El autor del proyecto, el francés Frédéric-Auguste Bartholdi, dedicó 21 años a su realización. La restauración para el centenario costó 100 millones de dólares y se celebró el 3 de julio de 1986 con el mayor espectáculo de fuegos artificiales jamás visto en EE.UU.

2 Castle Clinton National Monument

Una fortaleza de 1808, hoy es el punto de embarque del ferri que lleva a la Estatua de la Libertad y a Ellis Island y ofrece un recorrido por la historia de Nueva York. Se construyó a 91 m de la costa pero ahora está unido a Battery Park.

1 Trayecto en barco

Los ferris **(arriba)** que van de Manhattan y Jersey City a la Estatua de la Libertad y a Ellis Island trasladan un torrente de visitantes. Las vistas durante el trayecto son asombrosas.

3 La corona

Se dice que la madre de Bartholdi sirvió de modelo para la Libertad, aunque en realidad el escultor se basó en un boceto anterior para diseñar el rostro. Los rayos de la corona representan a los siete océanos y a los continentes.

LA ENTRADA AL NUEVO MUNDO

La estatua ha sido el símbolo de una nueva vida para los inmigrantes que huían de la miseria. Encarna el futuro de libertad y esperanza que ofrecía Estados Unidos, como se expresa en el poema "El nuevo coloso" de Emma Lazarus: "Traedme a los que estén cansados y a los pobres, a las muchedumbres que ansían respirar la libertad… Traedme a los desfavorecidos y a los abatidos, y yo encenderé mi lámpara detrás de la puerta dorada".

4 La estatua vista desde cerca

La visión de cerca de la estatua revela su impresionante tamaño **(derecha)**. Domina el puerto de Nueva York y cuenta con una altura de 93 m y un peso de 200 toneladas. En el brazo derecho lleva la simbólica antorcha, de 13 m, mientras que su dedo índice mide 2,4 m, más alto que una persona.

5 Battery Park

Adornado con estatuas que conmemoran desde los primeros emigrantes judíos a los guardacostas, entre otros muchos, es un lugar ideal para contemplar el mar **(izquierda)**.

⑥ Museo de la Estatua de la Libertad

Inaugurado en 2019, documenta la historia de la estatua a base de fotografías, grabados, vídeos y testimonios orales. El teatro inmersivo del museo presenta un espectacular cortometraje que explica la arquitectura de la estatua y la historia de su origen.

⑦ Estructura

Gustave Eiffel, famoso por la torre parisina, ideó la estructura interna. Las láminas exteriores de cobre, (31 toneladas) se sostienen con barras unidas a un pilar central que sujeta la estatua a la base.

⑧ La antorcha y el libro

La nueva antorcha bañada en oro fue añadida en 1986. La original se expone en el museo **(derecha)**. En el libro que lleva en la mano está escrito en números romanos "4 de julio de 1776".

⑨ Vistas

Las plataformas de observación en el pedestal y la corona ofrece vistas espectaculares. La corona se reabrió en 2009, tras su cierre del 11 de septiembre de 2001. Se necesita reserva previa.

⑩ El pedestal

El arquitecto americano Richard Morris Hunt diseñó el pedestal de 27 m. Se asienta sobre una base de hormigón dentro de los restos de los muros en forma de estrella de Fort Wood **(arriba)**, una fortaleza de la guerra de 1812.

INFORMACIÓN ÚTIL

Tome el tren 1 hasta South Ferry, o el 4 o 5 hacia Bowling Green; o el R y el W hasta Whitehall St, donde puede enlazar con Battery Park en metro ■ Los barcos salen de Castle Clinton, en Battery Park, cada 20-30 minutos 8.30-16.30 todos los días (invierno: 9.30-15.30) ■ www.nps.gov/stli

■ Salga temprano o reserve entradas para evitar las colas.

■ Para tomar buenas fotos desde el barco, sitúese a la derecha en la ida y a la izquierda en la vuelta.

🔟⭐ Ellis Island

La isla de Ellis es el símbolo de los emigrantes que construyeron América. A ella llegaron desde 1892 hasta 1954 más de 12
millones de personas buscando una vida mejor. Sus descen-
dientes, más de 100 millones de personas, conforman el 40%
de la población actual. Mientras los pasajeros de primera y
segunda clase resolvían los trámites de inmigración a bordo de
los barcos, los más pobres eran trasladados a la isla, donde se
llevaban a cabo los exámenes médicos y el papeleo. Llegaron
a pasar por la isla unas 5.000 personas al día. El museo ofrece
además una historia completa de la inmigración en América.

1 Zona de llegada
Los pasajeros de
tercera entraban por la
puerta original después de
ser trasladados desde sus
barcos. En ese punto se
les daban las instrucciones
que debían seguir en
múltiples lenguas.

2 Gran vestíbulo
Los inmigrantes
aguardaban aquí **(abajo)** el
resultado de las pruebas
que decidían quién podía
entrar en el país. A los que
necesitaban atención
especial se les marcaba
con tiza.

Vista aérea de Ellis Island

4 Oficina ferroviaria
Las personas que continuaban
más allá de Nueva York eran traslada-
das a las terminales de ferrocarril de
Nueva Jersey. Los funcionarios llega-
ban a vender 25 billetes por minuto.

3 Dormitorio
Los inmigrantes a los que se
realizaban exámenes más detallados
dormían en estas estancias, separados
los hombres de las mujeres. Aunque
el proceso fue angustioso, sólo un dos
por ciento del total fueron rechazados.

ELLIS ISLAND, NUEVA JERSEY

A pesar de ser una propiedad
federal, la disputa sobre la jurisdicción
de la isla no se dirimió hasta 1998.
La isla de Ellis, que originalmente
ocupaba 1 hectárea, aumentó en la
década de 1990 hasta alcanzar una
extensión de 11 hectáreas.
Un tribunal determinó en 1998
que el territorio original pertenecía
a Nueva York y que el terreno
añadido formaba parte de Nueva
Jersey.

⑤ Reconocimiento médico

Los oftalmólogos eran los médicos más temidos **(arriba)**. Buscaban síntomas de tracoma, que podía ser motivo de deportación.

⑥ *The Peopling of America*

Cuatrocientos años de historia de la inmigración están dispuestos en más de 30 galerías. Exposiciones como *The Peopling of America* muestran objetos, mapas, carteles y fotos donadas por las familias de los inmigrantes.

⑦ Consigna de equipajes

En esta habitación, los oficiales inspeccionaban las cestas, cajas y baúles **(derecha)** pertenecientes a los inmigrantes y que constituían todas las posesiones que tenían al llegar.

⑧ American Family Immigration History Center

Gracias a las últimas tecnologías los visitantes pueden acceder a información sobre los millones de personas que llegaron a Nueva York entre 1892 y 1957 **(abajo)**.

⑨ American Immigration Wall of Honor

Para honrar a sus ancestros, los estadounidenses pagan por inscribir sus nombres en este "muro de honor". Tiene más de 775.000 nombres, incluidas las familias de John F. Kennedy y Barbra Streisand.

⑩ Oral History Colection

El Oral History Program de la isla de Ellis conserva testimonios en primera persona de inmigrantes que pasaron por la isla. Se puede acceder a unas 900 de estas fascinantes entrevistas en la Bob Hope Memorial Library, situada en el tercer piso del Immigration Museum.

INFORMACIÓN ÚTIL

Para ver un plano, mire Lower Manhattan en el recuadro de Midtown de la p. 10
■ 212 363 3200 ■ www.nps.gov/elis

Horario: jun-ago: 9.30-17.00 todos los días; sep-may: 9.30-15.30 todos los días

Paseos en ferri a la Estatua de la Libertad y Ellis Island: adultos 23,50 $, tercera edad 18 $, niños (4-12) 12 $; acceso a la corona de la estatua, suplemento 3 $; menores de 4, gratis; www.statuecruises.com

■ Procure tomar el ferri a la isla temprano para evitar las habituales multitudes.

■ El billete del ferri incluye visitas guiadas con audio.

■ La cafetería de la isla y las zonas de descanso son ideales para comer. En el mostrador de venta de billetes se puede ver gratis una película de 30 min.

Hitos históricos de la inmigración

1 1624
Los primeros holandeses llegan a Nueva Ámsterdam, un pujante foco de comercio que atrae a inmigrantes de otras nacionalidades. Hacia 1643, sus 500 habitantes hablaban 18 idiomas distintos.

Peter Stuyvesant obligado a irse

2 1664
La oposición al holandés Peter Stuyvesant y las impopulares medidas de la Compañía Holandesa de las Indias Occidentales facilitaron el dominio británico; la ciudad pasó a llamarse Nueva York.

3 1790
En el primer censo de población de Estados Unidos, Nueva York era la segunda ciudad en importancia con 33.131 habitantes de mayoría británica y holandesa.

4 Mediados del s. XIX
La Gran Hambruna de Irlanda entre 1845 y 1848 y la carestía en Alemania hizo que muchos de sus habitantes se fueran a Nueva York, donde crecían la industria y el puerto y se creaban puestos de trabajo.

5 1880-1910
Llegada de miles de judíos rusos y polacos, italianos y escandinavos, que huían de la persecución y la pobreza.

Inmigrante polaco

6 1892
Cuando la capacidad de Castle Island, que desde 1855 funcionaba como centro de acogida, se vio superada por la creciente afluencia de inmigrantes, la isla de Ellis tomó el relevo. En la ciudad se establecieron casas de acogida y programas de americanización.

7 1924
Cerca del 40% de la población había nacido en el extranjero. Se establecieron cuotas para la inmigración; los habitantes de las colonias de Gran Bretaña se beneficiaron de la cuota británica y sus habitantes llegaron en gran número.

8 1965
El acta Hart-Cellar acabó con la discriminación basada en la nacionalidad; llegan más inmigrantes a la ciudad.

Chinatown, Manhattan

9 Década de 1980
Llega un millón de inmigrantes procedentes de países asiáticos y Latinoamérica. La población china alcanza los 300.000 (la mayoría en Chinatown), la coreana se hace visible y la dominicana aumenta.

10 1990-actualidad
Con la llegada de 1,2 millones de inmigrantes, los habitantes nacidos en el extranjero han superado el 40% del total. Un millón de ellos llegaron a EE UU después del año 2000. Queens es el distrito de mayor diversidad étnica de todo Estados Unidos.

LA RESTAURACIÓN DE ELLIS ISLAND

Visitante del museo

Las leyes migratorias de 1924 recortaban la cuota de inmigrantes admitidos en Estados Unidos, por lo que ya no fue necesario mantener la isla como centro de acogida. Las instalaciones se convirtieron en un centro para retener y deportar a los extranjeros problemáticos, en un punto de entrenamiento para los guardacostas y en hospital para los heridos en la II Guerra Mundial. En 1954 el Gobierno cerró la isla, que permaneció abandonada hasta 1984, cuando se destinaron 156 millones de dólares para reparar las cúpulas de cobre, limpiar los mosaicos y azulejos y restaurar el interior. El programa incluía la creación del Ellis Island Immigration Museum *(ver pp. 22-23),* donde se contaría la historia de los inmigrantes a través de más de 20.000 objetos. Hoy cuenta con una galería interactiva para niños y un archivo de historia oral que puede visitarse con cita previa. Reabierta en 1990, la isla recibe cada año más de 3 millones de visitantes.

TOP 10 NACIONALIDADES QUE LLEGARON A ELLIS ISLAND

(1892-1897, 1901-1931)

1 **Italia**: 2.502.310

2 **Austria y Hungría**: 2.275.852

3 **Rusia**: 1.893.542

4 **Alemania**: 633.148

5 **Inglaterra**: 551.969

6 **Irlanda**: 520.904

7 **Suecia**: 348.036

8 **Grecia**: 245.058

9 **Noruega**: 226.278

10 **Imperio otomano**: 212.825

Entrada del Museo de Ellis Island

En las páginas siguientes, Estatua de la Libertad y línea del cielo de Manhattan

TOP10 ⭐ Times Square y el Distrito de Teatros

Conocida como "la encrucijada del mundo", Times Square es la plaza más famosa de Nueva York y el centro del animado Distrito de Teatros. Se llamó Longacre Square hasta 1904, cuando *The New York Times* construyó aquí *One Times Square*. Su inauguración el día de Nochevieja fue celebrada con fuegos artificiales, una tradición que todavía se conserva. Ese día, una gran bola de cristal desciende a medianoche para anunciar el nuevo año.

1 Nasdaq MarketSite

La torre de vídeo de este mercado de valores electrónico se encuentra en el cruce de Broadway con la calle 43, ocupa la esquina completa y desde ella se transmiten noticias financieras **(abajo)**.

3 Luces de Broadway

El tramo más famoso de esta calle discurre al norte de la calle 42. Destaca por el brillo de las luces de neón **(derecha)** sobre las marquesinas y carteleras de los teatros, por lo que se le llama "Gran Vía Blanca".

4 Letrero luminoso de Times Square

En 1928, *The New York Times* instaló un panel con las noticias de última hora. Se retiró en 2019, pero ABC, Morgan Stanley y Reuters todavía tienen pantallas de noticias en la plaza.

2 ABC Times Square Studios

El programa *Good Morning America* **(abajo)** se emite desde estos estudios propiedad de Disney (7.00-9.00 lu-vi). Las grandes ventanas permiten a los transeúntes echar un vistazo a los invitados o a los conciertos.

5 Tiendas emblemáticas

Entre las inmensas tiendas de Times Square se encuentran Hershey's Chocolate World, una grande de Forever 21, Disney y M&M's World, con su muro de chocolate de M&M de dos plantas.

6 4 Times Square

Este rascacielos ecológico de 48 plantas alberga varios bufetes de abogados y empresas tecnológicas y es un símbolo del resurgir de Times Square.

9 New 42nd Street

La renovación del New Amsterdam Theater en la década de 1990 mejoró la calle 42. Ahora ocupan la manzana los New 42nd Street Studios y varios teatros.

10 Madame Tussauds, Nueva York

Barack Obama, Brad Pitt o Madonna son algunos de los habitantes de cera de este bloque de la calle 42. El museo se caracteriza por los ascensores exteriores acristalados **(derecha)**.

DISTRITO DE TEATROS

La ubicación de la Metropolitan Opera House en Broadway en 1883 hizo que se abrieran teatros y restaurantes en la zona. En la década de 1920 se sumaron las salas de cine. Tras la II Guerra Mundial las películas perdieron popularidad y empezó la decadencia. Un plan de renovación a partir de 1990 ha hecho que vuelvan el público y el brillo de las luces.

8 Duffy Square

La zona resurgió en 2008 con un puesto de TKTS y unas escaleras cubiertas de rojo que no llevan a ninguna parte **(izquierda)**. Bajo los escalones hay una estatua del Padre Duffy, héroe de la I Guerra Mundial.

Off-Broadway 7

Antes de que se remodelara el resto de la calle 42, la manzana entre las avenidas Novena y Décima resurgió gracias a las compañías de teatro del Off-Broadway instaladas allí, que precisaban de locales más modestos. Las obras se estrenan en el teatro Playwrights Horizons **(derecha)**.

Teatros

1 Palace Theatre
PLANO J3 ■ 1564 Broadway

Sara Bernhardt inauguró este escenario. Actualmente está en reforma y se espera que reabra en 2022.

2 Lyric Theatre
PLANO K3 ■ 214 West 42nd St

En 1998, el Lyric y el Apollo se unieron para formar esta sala para musicales que marcó el inicio del patrocinio corporativo a los teatros.

3 Shubert Theatre
PLANO J3 ■ 221-33 West 44th St

Construido entre 1912 y 1913 para la representación de musicales y como sede de la Shubert Organization. El Booth, al otro lado de la calle, también se construyó en esa época.

4 New Amsterdam Theatre
PLANO K3 ■ 214 West 42nd St

Edificio modernista, sede de la revista Ziegfeld Follies. Restaurado por Disney en la década de 1990, actualmente acoge el musical de Disney *Aladdin*.

5 New Victory Theater
PLANO K3 ■ 209 West 42nd St

Construido por Oscar Hammerstein en 1900, antiguamente ofrecía películas para adultos. Fue restaurado en 1995 para programar espectáculos familiares ajenos al circuito de Broadway.

Detalle de la fachada del Lyceum Theatre

6 Lyceum
PLANO J3 ■ 149-57 West 45th St

El teatro más antiguo tiene techos abovedados, murales y decoración de escayola. A menudo se usa como auxiliar del Lincoln Center (ver p. 142).

7 Hudson Theatre
PLANO J2 ■ 139-141 West 44th St

La sencilla fachada oculta un lujoso interior que incluye un vestíbulo con una arcada clásica y cúpulas con vidrieras de Tiffany. Tras años siendo sede de eventos, se ha reabierto como teatro en 2017.

8 Belasco Theatre
PLANO J3 ■ 111-121 West 44th St

Erigido en 1907 por el empresario David Belasco, que supervisó el diseño de estilo georgiano. Fue restaurado en 2010. El dúplex de la azotea, decorado como una iglesia de estilo gótico, era su residencia.

9 Lunt-Fontanne Theatre
PLANO J3 ■ 203-217 West 46th St

Originalmente se llamó Globe (terminado en 1910); se puede retirar parte del tejado y convertido en un auditorio al aire libre. Fue reconstruido en 1958.

10 Winter Garden Theatre
PLANO J3 ■ 1634 Broadway

Fue adquirido por los Shubert en 1911 y remodelado en 1922. Se han representado musicales como *Cats* (1982-2000), *Mamma Mia!* (2001-2013) y *Music Man* (desde 2021).

Interior del New Victory Theater

BREVE HISTORIA DEL TEATRO EN NUEVA YORK

Oscar Hammerstein

Se cree que el primer teatro de Nueva York fue el New Theater, construido en 1732. El centro teatral de la ciudad se fue trasladando paulatinamente hacia el norte, primero en el Bowery, Astor Place, Union Square y Herald Square, antes de que se asentara finalmente en los alrededores de Longacre Square (Times Square); después Oscar Hammerstein abrió el Olympia Theater en Broadway en 1895. En las tres décadas siguientes se construyeron unos 85 teatros, obra de arquitectos como Herts y Tallant, responsables del diseño de gradas en voladizo que eliminaban las columnas. Algunos de los primeros empresarios democratizaron el teatro al suprimir las diferencias de clase entre el patio de butacas y el gallinero; la entrada pasó a ser la misma para todos los espectadores. A medida que los nuevos teatros los reemplazaron, se demolieron más de 40 de aquellas joyas arquitectónicas. Por suerte, el resto han sido declarados lugares de interés histórico.

**TOP 10
CLÁSICOS
DE BROADWAY**

1 **El fantasma de la ópera**
2 **Jersey Boys**
3 **Chicago**
4 **El Rey León**
5 **Mamma Mia!**
6 **Rent**
7 **Annie**
8 **Wicked**
9 **Hello, Dolly!**
10 **Hamilton**

The Broadhurst Theatre, diseñado por Herbert J. Krapp en 1917, es uno de los teatros más frecuentados de la Shubert Organization.

🔟 ⭐ Central Park

Con una extensión total de 341 hectáreas, Central Park proporciona diversión y belleza a unos 38 millones de visitantes cada año. Fue diseñado por Frederick Law Olmstead y Calver Vaux en 1858, y se tardaron 16 años en retirar toneladas de tierra y piedra para crear sus colinas, prados y estanques, plantar más de 500.000 árboles y arbustos y construir los más de 30 puentes y arcos que contiene.

1 Great Lawn

Esta extensión de césped de unas 5 hectáreas (arriba) acoge conciertos gratuitos en verano ofrecidos por la Metropolitan Opera House y la New York Philharmonic que atraen hasta 100.000 personas.

2 Belvedere Castle

Desde este castillo (abajo) hay magníficas vistas. En su interior, el Henry Luce Nature Observatory muestra la rica diversidad natural del parque.

3 Bethesda Terrace

Las vistas del paseo y el lago, la terraza adornada y su fuente (arriba) son el punto central del parque. En la arboleda aneja, el Mall, está el Monumento a las Pioneras de los Derechos de las Mujeres, instalado en 2020.

4 The Ramble

Este paseo arbolado de 15 hectáreas es un paraíso para los pájaros. Central Park está en la ruta de migración aviar del Atlántico, y cuenta con 270 especies, como el zanate norteño y muchas especies de curruca.

CREACIÓN DE CENTRAL PARK

Central Park fue el primer proyecto paisajístico de Frederick Law Olmsted. Alejándose de los parterres habituales, creó una serie de paisajes muy contrastados, lo más pastoril frente a lo salvaje y pintoresco. Se reservaron varias zonas para distintas actividades y una densa vegetación lo aísla del bullicio de la ciudad. Olmsted se convirtió en el paisajista oficial del país y este parque sirvió como modelo de los futuros diseños.

(5) Reservoir

Ocupa unas 43 hectáreas y es el lago **(arriba)** más grande de los cinco parques. En el Conservatory Water se celebran carreras de maquetas de barcos.

(9) Strawberry Fields

Zona idílica patrocinada por Yoko Ono en memoria de John Lennon (asesinado en 1980), que vivió en el cercano edificio Dakota. Llegaron donativos de todo el mundo para esta iniciativa.

(10) Conservatory Garden

Este elegante jardín con fuentes, árboles preciosos y bulbos en flor es especialmente agradable durante la primavera.

(6) Central Park Zoo

Centro de conservación y zoo para niños con tres zonas climáticas: templada, círculo polar y selva tropical. Alberga más de cien especies, como monos, pingüinos y focas.

(8) Delacorte Theater

En verano, ofrece dos montajes con el título *Shakespeare in the park*. Son gratuitos, al igual que los espectáculos de música y baile *Summer-Stage,* de gran éxito.

Hans Christian Andersen (7)

Junto a la estatua de Andersen **(derecha)** se organizan en verano cuentacuentos, así como talleres de naturaleza, un carrusel y teatro de marionetas.

INFORMACIÓN ÚTIL

PLANO D3-H3 ■ desde Central Park South hasta 110th St, y entre 5th Ave y Central Park West
■ www.centralpark nyc.org

Horario: amanecer-ocaso

■ Se pueden tomar aperitivos y comidas ligeras en Loeb Boathouse. El restaurante sirve comidas gourmet.

■ Haga su primera parada en The Dairy, un edificio de estilo gótico victoriano que alberga un centro para visitantes. Aquí se informa sobre talleres de naturaleza gratuitos y paseos guiados.

■ Puede alquilar bicicletas, barcas de remos y góndolas en BoatHouse y patines en Wolfman Rink.

TOP 10 ⭐ Metropolitan Museum of Art

El Metropolitan (Met), uno de los mayores museos de arte del mundo, exhibe 5.000 años de cultura de todo el planeta. Cada galería alberga una gran cantidad de tesoros. Se fundó en 1870 con tres colecciones de arte europeo y 174 cuadros. El edificio de estilo neogótico se ha ampliado en numerosas ocasiones y hoy alberga más de 2 millones de objetos.

1 Pintura europea

Los 2.500 cuadros forman una de las mejores colecciones de pintura del mundo. Destacan las obras de Rembrandt y Vermeer y un gran número de óleos impresionistas y postimpresionistas.

Arte egipcio 2

Una de las más extensas colecciones de arte egipcio fuera de El Cairo, incluye máscaras, momias, estatuas, joyas, la tumba de Perneb y el templo de Dendur **(derecha)**, construido alrededor del año 15 a.C. y reconstruido tal y como se alzaba a orillas del Nilo.

5 Robert Lehman Collection

Obras de maestros del Renacimiento, de artistas españoles, franceses y holandeses, además de cuadros postimpresionistas, fauvistas, cerámicas y muebles.

3 Ala de Michael C. Rockefeller

Máscaras incas **(arriba)**, oro precolombino, cerámicas de México y Perú y obras de la corte de Benin en Nigeria sobresalen entre los 1.600 objetos. En total, 3.000 años de historia.

Ala de arte 4 americano

Con vidrieras de Tiffany, pinturas, esculturas y ambientes desde el s. XVII hasta principios del s. XX **(derecha)**.

6 Costume Institute

Prendas femeninas, desde vestidos de baile a minifaldas, y masculinas, desde las que se llevaban en la corte francesa **(izquierda)** a las actuales. Su gala anual atrae multitudes.

9 Arte asiático

La colección más completa de occidente cuenta con pinturas, textiles, esculturas y cerámicas.

10 Ala de Lila A. Wallace

El Metropolitan cuenta con una creciente colección de arte, escultura y diseños del siglo XX, con obras que van de Pablo Picasso y Henri Matisse a Émile-Jacques Ruhlmann y Jackson Pollock.

7 Escultura europea y artes decorativas

Esta colección refleja el desarrollo del diseño en Europa e incluye habitaciones de época de Francia y de Inglaterra, tapices y esculturas de Rodin y Degas **(derecha).**

8 Roof Garden

De mayo a octubre se organizan exposiciones al aire libre de escultura contemporánea en el Iris and B. Gerald Cantor Roof Garden. En el jardín se puede degustar un aperitivo mientras se disfruta de las vistas de Central Park y de los rascacielos.

INFORMACIÓN ÚTIL

PLANO F3 ■ 1000 5th Ave ■ 212 535 7710 ■ www.metmuseum.org

Horario: 10.00-17.30 lu-ju y do, 10.00-21.00 vi y sá (se deben abandonar las salas 15 min antes del cierre)

Se cobra entrada: adultos 25 $, tercera edad 17 $, estudiantes 12 $, niños menores de 12 años y amigos del museo, gratis

■ Los fines de semana, a última hora de la tarde, hay menos gente y se ofrece música en directo y un servicio de bar.

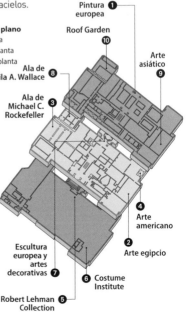

Leyenda del plano
Planta baja
Primera planta
Segunda planta

Pintura europea **1**

Roof Garden **10**

Arte asiático **9**

Ala de Lila A. Wallace **8**

Ala de Michael C. Rockefeller **3**

Arte americano **4**

Arte egipcio **2**

Escultura europea y artes decorativas **7**

Costume Institute **6**

Robert Lehman Collection **5**

Plano del Metropolitan Museum of Art

Cuadros del Metropolitan

Autorretrato
Rembrandt (1606-1669) se hizo un autorretrato en cada década de su carrera. Éste data de 1660, cuando tenía 54 años, y no disimula los rasgos propios de esa edad.

2 Vista de Toledo
Las nubes oscuras contribuyen a crear una atmósfera irreal en este famoso cuadro de El Greco (1541-1614), en el que representa la ciudad que fue capital del Imperio Español hasta 1561.

3 Mujer con aguamanil
Realizado entre 1660 y 1667, es un ejemplo del sutil y genial uso de la luz que hizo de Vermeer (1632-1675) uno de los maestros más famosos de la pintura holandesa.

Los segadores (1565), de Brueghel

4 Los segadores
Obra de Brueghel (1551-1569) en su mejor momento; un ejemplo del uso de la luz y del detalle que dieron fama a este artista. Es uno de los cinco paneles que representan diferentes momentos del año.

5 Madame X
Integrado en la colección de arte estadounidense, este óleo de John Singer Sargent (1856-1925) presenta el retrato de una americana casada con un banquero francés.

6 La terraza de Sainte-Adresse
Este enclave vacacional en el Canal de la Mancha, donde Monet pasó el

La terraza de Sainte-Adresse, de Monet

verano de 1867, es retratado con brillantes colores y un complicado trabajo del pincel. El cuadro combina realidad e ilusión, demostrando por qué Monet se convirtió en uno de los grandes del impresionismo.

7 Gertrude Stein
Picasso (1881-1973) pintó este retrato a los 24 años: muestra la influencia de la escultura africana, romana e ibérica y la transición de las figuras esbeltas de sus primeros años hacia el cubismo.

8 Los jugadores de cartas
Más conocido por sus paisajes y bodegones, Cézanne (1839-1906) ofrece en este cuadro el retrato de unos campesinos jugando a las cartas, en el que consigue enfatizar la intensa concentración de los personajes en la partida.

9 Los cipreses
Pintado en 1889, tras el confinamiento voluntario de Van Gogh (1853-1990) en un asilo de Saint-Rémy. Esta obra muestra la sinuosa y poderosa pincelada característica de sus obras de este periodo.

10 Cráneo de vaca: rojo, blanco y azul
Esta obra es del artista modernista Georgia O'Keefee (1887-1986), que residió en Nuevo México los últimos 40 años de su vida. Las superficies desgastadas del cráneo y los filos dentados simbolizan la eterna belleza del desierto.

THE CLOISTERS

Relicario de la Reina Isabel de Hungría

Las obras medievales están expuestas en el edificio principal, pero el Metropolitan cuenta con otra sede en el norte de Manhattan, The Cloisters, construida en estilo medieval y con vistas al río Hudson, en Fort Tyron Park. Inaugurado en 1938, el complejo incluye cinco claustros medievales y otros elementos monásticos de España (el claustro reconstruido de Sant Miquel de Cuixà) y de Francia. Las colecciones tienen esculturas románicas y góticas, manuscritos, tapices, esmaltes, vidrieras, marfiles y pinturas. John D. Rockefeller Jr. *(ver p. 17)* cedió objetos a la colección y la financió en parte. Para llegar a The Cloisters *(ver p. 46)* hay que tomar la línea A hasta 190th St.

Jardines de The Cloisters, un lugar apacible para escapar de la ciudad.

𝗧𝗢𝗣𝟭𝟬 ⭐ Solomon R. Guggenheim Museum

El interior en espiral de este museo, diseñado por Frank Lloyd Wright en 1959, es una de las cimas de la arquitectura del siglo XX y merece por sí solo la visita. Esta colección de arte abstracto ha sido ampliada con donaciones importantes, e incluye obras de Gauguin, Chagall, Kandinsky, Van Gogh, Mondrian, Picasso y Miró. Solo se expone una pequeña parte de los fondos, que va cambiando periódicamente, mientras que la galería principal se usa para exposiciones temporales.

 Mujer planchando
Una de las primeras pinturas de Picasso. En este lienzo de 1904 recurre a los contornos angulosos y a una paleta en la que dominan los blancos y grises para convertir el tema representado en un símbolo de las desgracias de la pobreza.

2 Líneas negras
Kandinsky perseguía, con la búsqueda de formas ovaladas de fuertes colores y brochazos negros, provocar reacciones en los espectadores. *Líneas negras* (1913) es uno de sus mejores trabajos.

 Montañas de Saint-Rémy
Van Gogh pintó este cuadro (abajo) en julio de 1889, cuando se recuperaba de uno de sus ataques de locura, un año antes de suicidarse. En él representa el perfil de los Alpilles, la cadena montañosa del sur de Francia que se veía desde el hospital.

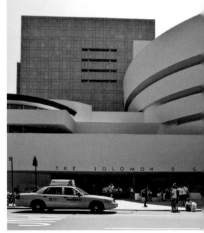

El llamativo exterior escalonado del Guggenheim

4 Mujer ante el espejo
Édouard Manet escandalizó a la sociedad parisina de su tiempo con sus pinturas de prostitutas y cortesanas. En esta representa a una mujer semidesnuda, tal vez una actriz, contemplando su reflejo.

5 París a través de la ventana
Pintada en 1910, tras salir Marc Chagall de Rusia e instalarse en París, la escena surrealista refleja el avance de los estilos de vanguardia. La torre Eiffel vista en la distancia es una metáfora de París y de la modernidad.

8 *Naturaleza muerta: frasco, vaso y jarro*

Esta pintura **(izquierda)** de 1877 muestra el último estilo de Paul Cézanne, basado en la interrelación entre espacio y profundidad. Su maestría lo convierte en precursor del cubismo del siglo XX.

9 *Agua vertical blanca*

Louise Nevelson es más famosa por sus esculturas abstractas. Esta construcción íntegramente blanca evoca imágenes de cataratas con sus onduladas curvas.

6 *La ermita en Pontoise*

Esta representación realista del pueblo donde Pisarro vivió a veces entre 1866 y 1883 muestra su uso de las luces y las sombras. El retrato de los campesinos fue considerado vulgar por algunos pintores de la época.

7 *La mujer del pelo amarillo*

En este retrato de 1931, Picasso representa la figura de su amante, Marie-Thérèse. Utiliza una línea continua desde la frente a la nariz, recurso que repite a menudo en los muchos retratos que le hizo.

FRANK LLOYD WRIGHT

Aunque Frank Wright (1867-1959) diseñó muchos edificios públicos, es conocido por sus viviendas, en las que aplicó los principios de la arquitectura orgánica, que se adaptaba al relieve del terreno y rompía la tradición abriendo espacios. El Guggenheim de Nueva York, uno de sus últimos proyectos, supuso una revolución. Estaba tan orgulloso de su diseño en espiral que cuando le dijeron que algunos muros eran bajos para las pinturas más grandes, respondió: "Entonces cortadlas por la mitad".

10 *Haere Mai*

Gauguin hizo su primer viaje a Tahití en 1891. Durante su estancia pintó este paisaje **(abajo)** buscando la sencillez y empleando ricos matices y formas aplanadas.

INFORMACIÓN ÚTIL

PLANO E4 ∎ 1071 5th Ave at 89th St ∎ 212 423 3500 ∎ www.guggenheim.org

Horario: el horario es cambiante, consulte la página web.

Se cobra entrada: adultos 25 $, estudiantes y tercera edad 18 $, niños -12 años y amigos del museo, gratis

∎ El Café 3 en el anexo del segundo piso es ideal para darse un respiro.

∎ Aunque las exposiciones se suelen visitar de abajo arriba, la mejor forma de ver el museo es subir en ascensor hasta la última planta e ir bajando progresivamente.

∎ Hay visitas guiadas con audio para la arquitectura de Frank Lloyd Wright y para la colección permanente.

TOP 10 ⭐ American Museum of Natural History

Casi todos los niños neoyorquinos han visto los dinosaurios, los dioramas de la vida salvaje y las demás maravillas de este museo. Desde su inauguración en 1869 ha crecido hasta sumar más de 40 galerías, ocupar cuatro manzanas y contar con más de 34 millones de ejemplares y objetos, muchos de ellos únicos en el mundo. El Rose Center for Earth and Space del museo alberga el Hayden Planetarium y su Space Theater de 429 butacas, donde se proyectan los espectáculos espaciales más recientes.

Dinosaurios y fósiles

La colección de fósiles de dinosaurio, expuesta en diferentes galerías, es la más grande del mundo Entre ellos hay esqueletos de barosaurio, titanosaurio y un tiranosaurio rex casi completo **(derecha)**.

2 Mamíferos

Dioramas a tamaño natural por continentes recreados con rigor. Las dos galerías principales son Akeley Hall, de mamíferos africanos, y la dedicada a mamíferos asiáticos.

3 Galería Milstein de vida de los océanos

Esta galería ofrece información sobre las aguas del planeta y sus habitantes. Una ballena azul de 29 m preside la sala **(abajo)**.

4 Sala de los pueblos asiáticos

Piezas artísticas, trajes y dioramas de las religiones y costumbres de China, Corea, India, Japón y otras culturas del continente asiático.

5 Sala de los pueblos africanos

Exhibe máscaras, trajes de ceremonia, herramientas e instrumentos musicales para ilustrar el legado cultural de pueblos de todo el continente africano.

6 Sala de la costa noroeste

La más dedicada a la historia, conocida por sus tótems, está siendo reformada consultando con comunidades de la costa noroeste. Reapertura prevista en 2022.

7 Sala Spitzer sobre el origen de la humanidad

El "arbol genealógico" de la evolución humana con cuadros de tamaño natural de antepasados homínidos.

8 Sala de la biodiversidad

Inaugurada en 1998 para incentivar el cuidado de la naturaleza, alberga el Spectrum of Life (izquierda), un muro de 30 m en el que se exhiben 1.500 ejemplares que muestran la diversidad de vida en la Tierra y un diorama de los bosques tropicales.

Plano del American Museum of Natural History

Leyenda del plano
- Primera planta
- Segunda planta
- Tercera planta
- Cuarta planta
- Rose Center

- Dinosaurios y fósiles ❶
- Mamíferos ❷
- Aves del mundo ❿
- Pueblos asiáticos ❹
- Meteoritos, minerales y gemas ❾
- Pueblos africanos ❺
- Biología humana y evolución ❼
- Indios de la costa noroeste ❻
- Vida de los océanos ❸
- Sala de la biodiversidad ❽
- Dinosaurios y fósiles ❶

INFORMACIÓN ÚTIL

PLANO F2 ■ Central Park West, entre 77th y 81st Sts ■ 212 769 5100 ■ www.amnh.org

Horario: 10.00-17.45 todos los días

Se cobra entrada: adultos 23 $, estudiantes y tercera edad 18 $, niños (2-12) 13 $, amigos del museo gratis; entrada general + uno (exposiciones especiales, película en pantalla gigante o espectáculo espacial) 28 $/ 22,50 $/16,50 $; general + todo (exposiciones especiales, película en pantalla gigante y espectáculo espacial) 33 $/27 $/20 $

■ Se puede comer en la zona de restaurantes de la planta baja o en uno de los dos cafés.

■ Visita guiada gratuita cada hora, todos los días de 10.15 a 15.15.

9 Meteoritos, minerales y gemas

La Sala Ross exhibe meteoritos como el de 34 toneladas de Cape York, mientras que las nuevas Salas Mignone de gemas y minerales alberga cristales, como el zafiro Estrella de la India, de 563 quilates (derecha).

10 Sala de aves del mundo

Los 12 dioramas muestran diferentes regiones del mundo con las aves que se han adaptado a esos extraordinarios hábitats.

Rose Center for Earth and Space

Plano del Planetario Hayden

- Teatro del Big Bang **9**
- Enterance
- Globo terráqueo dinámico **6**
- Sala del planeta Tierra **5**
- Sala del universo **2**
- **8** Escalas del universo
- **10** Camino del cosmos
- **7** Earthquake Monitoring Station
- **4** AstroBulletin
- **3** Ecosfera

1 El edificio

Abierto en 2000 para dar a conocer el interior de la Tierra y el universo, el edificio es un enorme cubo de cristal que rodea una esfera de 3 pisos (27 m) donde se localiza el planetario Hayden.

2 Sala del universo

Se exponen los descubrimientos de la moderna astrofísica relativos al universo. Mediante dispositivos digitales se mide el peso del visitante en los planetas Saturno y Júpiter y en el Sol.

Sala del universo

3 Ecosfera

La esfera de cristal de la Sala del Universo posee un ecosistema autosuficiente de plantas, algas y animales capaz de reciclar los nutrientes y de obtener energía de la luz solar. La exposición investiga las bases de la vida en la tierra.

4 AstroBulletin

En esta pantalla de alta definición se muestran imágenes de telescopios de todo el mundo y las misiones en curso de la NASA.

5 Sala del planeta Tierra

Mediante muestras geológicas y vídeos se explican los diversos procesos que formaron la Tierra y que continúan modificándola.

Sala del Planeta Tierra

6 Globo terráqueo dinámico

Suspendido sobre un anfiteatro en la sala del planeta Tierra, utiliza un sistema de proyección para recrear imágenes de la Tierra en rotación vista desde el espacio.

7 Estación de detección de terremotos

Los terremotos se monitorizan en una pantalla conforme ocurren. En otras pantallas se muestra cómo hacen su trabajo los científicos.

8 Pasarelas de las escalas del Universo

Los tamaños relativos de los objetos cósmicos, humanos y microscópicos se ilustran mediante maquetas.

9 Teatro del Big Bang

Un pavimento de cristal en torno a una apertura circular permite contemplar una interpretación multisensorial de los primeros movimientos del universo. El actor Liam Neeson es el narrador.

10 Camino del cosmos

La explicación del Big Bang se desarrolla con imágenes astronómicas que trazan los hitos ocurridos en 13.000 millones de años de evolución cósmica.

EL PLANETARIO HAYDEN

Entrada al Rose Center for Earth and Space

El planetario cuenta con un complejo sistema de cúpula digital que está considerado el sistema más avanzado de realidad virtual jamás construido. La proyección tiene lugar en el Space Theater, con capacidad para 429 personas, y ofrece un vuelo virtual por un universo científicamente preciso. Se aconseja comprar las entradas para los espectáculos espaciales con antelación o recogerlas temprano el mismo día para asegurarse un sitio. No se pierda *Worlds Beyond Earth* (Mundos más allá de la Tierra), un espectáculo espacial en el que los visitantes viajan a través del tiempo y del espacio en un cielo nocturno.

TOP 10
ATRACCIONES

1 **Modelo de la Vía Láctea**

2 **Espectáculos espaciales** como Mundos más allá de la Tierra

3 **Estudio en profundidad** de las galaxias

4 **Proyector de estrellas** avanzado Zeiss

5 **Actualización de datos** planetarios respaldada por la NASA

6 **Programas de Astronomía** en Directo

7 **Atlas digital universal** del cosmos

8 **Cálculo continuo** de las posiciones estelares

9 **Sistema de Cúpula Digital** con cúpula de 20 m de diámetro

10 **Simulaciones** de acontecimientos en curso

Worlds Beyond Earth **(Mundos más allá de la Tierra) en el Hayden Planetarium**

Lo mejor de Nueva York

Interior de la catedral de San Patricio
en Lower Manhattan

Personajes históricos

1 Peter Stuyvesant

Enviado desde los Países Bajos en 1647 para gobernar Nueva Ámsterdam, Peter Stuyvesant (1612–1672) causó tanto rechazo entre la población, que esta prefirió la ocupación inglesa.

2 Alexander Hamilton

Hamilton (1755-1804) fue un líder de la independencia y primer secretario del Tesoro. Introdujo buenas políticas económicas que propiciaron que Nueva York se convirtiera en la capital financiera de EE.UU. Murió batiéndose en un duelo con su oponente político Aaron Burr.

Alexander Hamilton

3 Elizabeth Jennings Graham

La maestra Graham (1827-1901) se opuso a la segregación racial en 1854 cuando subió a un tranvía al que no se permitía acceder a pasajeros negros y fue expulsada por la fuerza por el revisor y la policía cuando se negó a salir. Demandó con éxito a la Third Avenue Railroad Company, al revisor y al chófer. Fue el primer paso del tránsito hacia el fin de la segregación en la ciudad.

Elizabeth Jennings Graham

4 Jacob Riis

Conmovido por las condiciones de vida de los inmigrantes, Riis (1849-1914) se valió de fotografías realizadas en los barrios más humildes para ilustrar sus historias, con las que impulsó medidas favorecedoras de las clases medias. Su artículo "Escenas de los arrabales" (1888) y el libro *Cómo vive la otra mitad* tuvieron una repercusión enorme en su tiempo.

5 John D. Rockefeller Jr.

La generosidad de este magnate (1874-1960) permitió la construcción de viviendas en Harlem, Bronx y Queens. Fue el promotor de Fort Tyron Park y de The Cloisters, y cedió el terreno donde se levantó el edificio de las Naciones Unidas. En la construcción del Rockefeller Center (*ver pp. 16-19*) encontraron empleo miles de obreros durante los años de la Depresión.

6 Fiorello H. La Guardia

Considerado el mejor alcalde de Nueva York tras ser elegido en 1933, Fiorello H. LaGuardia (1882-1947) modernizó y centralizó la caótica administración municipal, recortó los gastos, unificó el sistema de transportes y obtuvo fondos federales para la ciudad. Se le recuerda leyendo tebeos por la radio durante una huelga de los periódicos de la ciudad.

7 Robert Moses

Fue supervisor de obras y comisionado para parques desde los años treinta a los cincuenta. Moses (1888-1981) amplió y acondicionó las zonas recreativas, aunque llenó la ciudad de autopistas en vez de impulsar la red de transporte público. Su política urbanística echó abajo muchos barrios para abrir paso a los rascacielos.

8 Adam Clayton Powell, hijo

Powell (1908-1972) sustituyó a su padre como pastor de la Iglesia baptista abisiana en 1937. Trabajó para convencer a los comerciantes de Harlem de que emplearan a personas negras. Acabó siendo la primera persona de origen afroamericano elegido para un cargo municipal y, después, el primer representante negro en el Congreso por la ciudad de Nueva York, que ocupó desde 1945 a 1961.

9 Shirley Chisholm

En 1968, Chisholm (1924-2005) fue la primera mujer negra elegida para el Congreso de Estados Unidos. En 2015, Barack Obama le concedió a título póstumo la Medalla Presidencial de la Libertad. En 2022 se erigirá en Prospect Park un monumento en su memoria.

10 Alexandria Ocasio-Cortez

En 2019, Alexandria Ocasio-Cortex (n. 1989) pasó a ser la mujer más joven elegida para el Congreso de Estados Unidos, donde representó al distrito 14 de Nueva York (las áreas del Bronx y Queens). Popularmente conocida como AOC, está considerada una estrella en ascenso en el Partido Demócrata.

Alexandria Ocasio-Cortez

TOP 10: HITOS MÁS RELEVANTES

Peter Minuit compra Manhattan

1 Antes de 1626
La zona que acabaría siendo Nueva York forma parte de Lenapehoking, territorio de los lenape/delaware

2 1626
Peter Minuit compra Manhattan a la tribu Lenape. Lo hace a cambio de cuentas y abalorios por valor de unos 60 florines holandeses de entonces.

3 1664
Los británicos arrebatan la isla a los holandeses y Nueva Ámsterdam pasa a llamarse Nueva York.

4 1789
George Washington es nombrado primer presidente de EE.UU. y jura el cargo en Federal Hall. Nueva York fue la primera capital del país.

5 1792
24 intermediarios firman un acuerdo bajo un árbol de Wall Street y así nace la Bolsa de Nueva York.

6 1886
Se inaugura la Estatua de la Libertad, símbolo de bienvenida y libertad para millones de inmigrantes que hacen de la ciudad un crisol de culturas.

7 1898
La unión de cinco distritos convierte a Nueva York en la segunda ciudad más grande del mundo.

8 1931
El Empire State Building entroniza a Nueva York como la capital mundial de los rascacielos.

9 1952
Se establece en Nueva York la sede de las Naciones Unidas.

10 2001
Un ataque terrorista con dos aviones secuestrados destruye las Torres Gemelas del World Trade Center.

Museos

① Metropolitan Museum of Art

Se tardaría semanas en ver todas las maravillosas colecciones que alberga esta institución, con más de 3.000 pinturas europeas. Las salas griega, romana, chipriota y asiática atraen a un buen número de visitantes. La sala Joyce y Robert Menschel de fotografía moderna también es de las más visitadas *(ver pp. 34-37)*.

② American Museum of Natural History

Se exponen desde dinosaurios a trajes chinos, pasando por toda clase de joyas. Es el mayor museo del mundo en su categoría. Además cuenta con el planetario del Rose Center y una gigantesca sala de cine IMAX *(ver pp. 40-43)*.

③ Museum of Modern Art

La renovación de este museo en 2019 costó 400 millones de dólares y le añadió 3.716 m², una "plataforma" experimental y un espacio de estudio.

Sede del MoMA en Nueva York

Esta factoría de arte moderno abreviada cariñosamente como MoMA *(ver p. 132)* cuenta con una de las colecciones de arte de los siglos XIX y XX más completas del mundo con obras de Picasso, Van Gogh o Warhol.

④ Solomon R. Guggenheim Museum

Este museo ha ampliado sus fondos gracias a importantes donaciones, como las obras impresionistas de Justin Thannhauser; las cubistas, surrealistas y de expresionismo abstracto de la mítica Peggy Guggenheim; una colección del minimalismo americano y de arte conceptual; y la mayor colección de obras de Kandinsky de Estados Unidos *(ver pp. 38-39)*.

⑤ Whitney Museum of American Art

Toda la gama del arte americano de los siglos XX y XXI puede verse en la colección permanente de este llamativo edificio de Renzo Piano, además de las exposiciones temporales. El museo *(ver p. 109)* expone obras de renombrados artistas contemporáneos como Warhol, Calder, O'Keeffe y Hopper.

⑥ Frick Madison

La colección de arte *(ver pp. 138-139)* del magnate del acero Henry Clay Frick (1849-1919) se expondrá en el Breuer Building hasta finales de 2023, cuando se concluya la reforma de la vieja Mansión Frick (1 East 70th St). La colección Frick de Viejos Maestros, mobiliario francés, esculturas y esmaltes de Limoges se exhibe en las modernas galerías de Breuer's. Destacan obras de artistas famosos como Rembrandt, Vermeer, Hals, Holbein, Tiziano o Bellini.

Museum of the City of New York

⑦ Brooklyn Museum

200 Eastern Pkwy, Brooklyn ■ Metro 2, 3 hasta Eastern Pkwy ■ Horario: 11.00-18.00 mi-do (hasta 22.00 ju), 11.00-23.00 primer sá del mes (excepto ene y sep) ■ Se cobra entrada ■ www.brooklynmuseum.org

Este museo alberga una amplia serie de exposiciones temporales junto con sus colecciones permanentes de arte asiático, egipcio, africano y americano. El Elizabeth A. Sackler Center for Feminist Art es el primer espacio público de este tipo del país.

⑧ Morgan Library and Museum

PLANO K4 ■ 225 Madison Ave en 36th St ■ Horario: 10.30-17.00 ma-ju, 10.30-21.00 vi, 10.00-18.00 sá, 11.00-18.00 do ■ Se cobra entrada (gratis vi 19.00-21.00) ■ www.themorgan.org

Pieza egipcia, Brooklyn Museum

Este palacio de estilo renacentista italiano fue erigido en 1902 para albergar la colección del magnate J. Pierpont Morgan. Alberga una fabulosa colección de excepcionales manuscritos, encuadernaciones, libros, artilugios antiguos y más de 10.000 dibujos y grabados de artistas como Leonardo o Durero. Llaman la atención el lujoso despacho y la biblioteca personal de Morgan.

También se organizan exposiciones temporales en sus galerías.

⑨ Museum of the City of New York

PLANO D3 ■ 1220 5th Ave en 103rd St ■ Horario: 10.00-18.00 todos los días ■ Se cobra entrada ■ www.mcny.org

La colección de juguetes es la más interesante. Alberga exposiciones temporales sobre moda, arquitectura, ocio, identidad cultural, tradiciones étnicas e historia social.

⑩ American Folk Art Museum

Analiza la historia cultural del país desde su apertura en 1961. Sus ocho niveles de innovadora estructura *(ver p. 144)* muestran una fantástica colección de pinturas, esculturas, *patchworks* y muebles. Las exposiciones suelen itinerar, pero la colección permanente se puede ver siempre.

American Folk Art Museum

🔟 Colecciones de arte

Balloon Swan, de Jeff Koons, en la galería Gagosian

1 Gagosian

PLANO E4 ▪ 980 y 976 Madison Ave; 821 Park Ave ▪ Los horarios varían, consultar detalles en la página web ▪ www.gagosian.com

En esta galería exponen artistas de primera fila (los precios están en consonancia). Cuenta con seis sedes (tres en la zona alta de la ciudad y tres en Chelsea) *(ver p. 124)*, todas de techos muy altos para exhibir obras de gran formato. Entre los artistas contemporáneos representados se encuentran Damien Hirst, Anselm Kiefer, Richard Serra y Jeff Koons.

2 Marlborough

PLANO L2 ▪ 545 West 25th St ▪ Horario: 10.00-17.30 lu-sá ▪ www. marlboroughgallerynewyork.com

Esta imponente galería lleva la representación de artistas como Larry Rivers, Red Grooms y R. B. Kitaj. Se encuentra en Chelsea *(ver p. 124)* y muestra la obra de escultores como Anthony Caro o Jacques Lipchitz, así como la de multitud de pintores contemporáneos.

3 David Zwirner

Uno de los grandes nombres del mundo del arte, esta galería empezó en un humilde local en el SoHo en 1993, con una primera exhibición de Franz West. Desde entonces se han abierto galerías en Nueva York, Londres y Hong Kong. Desde sus comienzos, Zwirner se ha centrado en exhibiciones experimentales por artistas emergentes como Stan Douglas, Diana Thater y Jason Rhoades. La galería de la 20th Street *(ver p. 124)*, diseñada por Selldorf Architects en 2013, es un impresionante espacio contemporáneo en hormigón visto y madera de teca.

4 Pace Prints

PLANO H4 ▪ 32 East 57th St ▪ Horario: 17.30 ma-vi (hasta 17.00 sá) ▪ www.paceprints.com

Fundada en 1968 y afiliada con la Galería Pace *(ver p. 124)*, exhibe grabados de bellas artes de finales del siglo XIX hasta mediados del siglo XX. Se aloja en el mismo edificio que la galería Pace African & Oceanic Art, que muestra arte tradicional africano, asiático y de Oceanía. La de la calle 57 se dedica a la fotografía, el grabado y las bellas artes, mientras que la de Chelsea *(ver p. 124)* exhibe obras de gran tamaño.

5 Sperone Westwater
PLANO N4 ■ 257 Bowery
■ **Horario:** 10.00-18.00 ma-sá (jun-sep: lu-vi) ■ www.speronewestwater.com

Un lugar excelente para ver arte contemporáneo actual. La galería abrió en 1975 para mostrar obras de artistas europeos poco conocidos en aquel momento en Estados Unidos. En 2010 se trasladó a un edificio diseñado por el estudio Foster y Asociados. Ha expuesto obras de Bruce Nauman y Donald Judd.

Entrada de The Drawing Center

6 The Drawing Center
Inaugurado en 1977 para promover el dibujo, es un centro sin ánimo de lucro *(ver p. 105)* donde han presentado su obra 2.500 artistas noveles, como Shahzia Sikander y Kara Walker, pero también otros consagrados. Este centro organiza eventos mensuales que incluyen firmas de libros y mesas redondas.

7 apexart
PLANO P3-4 ■ 291 Church St
■ **Horario:** 13.00-18.00 ma-sá
■ www.apexart.org

Esta ONG organiza exposiciones temporales de artes visuales, además de charlas, lecturas, talleres infantiles y muestras innovadoras, cuyo objetivo es promover la diversidad cultural e intelectual. Más de 17.000 visitantes acuden cada año para contemplar los últimos trabajos de artistas como Dave Hickey, Martha Rosler y David Byrne.

8 Matthew Marks
Fue una de las primeras galerías (1994) que abrió en Chelsea, en un antiguo garaje. Matthew Marks se especializa en mostrar la obra de grandes artistas como Ellsworth Kelly, Jasper Johns, Nan Goldin y Brice Marden. Cuenta con otras dos salas en Chelsea con trabajos de pintores, fotógrafos y escultores noveles *(ver p. 124)*.

9 Paula Cooper
Fue la primera galería que abrió en el SoHo (1968), pero después se trasladó a Chelsea en 1996 *(ver p. 124)*. Allí, el enorme espacio ha sido articulado de forma muy creativa, para que la luz natural entre a raudales. Ideal para las creaciones minimalistas y conceptuales de Donald Judd, Sol Lewitt, Sophie Calle y otros.

10 Paul Kasmin
Kasmin, hijo de un marchante de arte londinense, continúa con la tradición familiar de ofrecer oportunidades a nuevos talentos en exposiciones colectivas. También organiza exposiciones individuales para artistas más consolidados, incluyendo a escultores y fotógrafos *(ver p. 124)*.

Tienda de la galería Paul Kasmin

🔟 Rascacielos de Nueva York

① Empire State Building
Construido entre 1930 y 1931, fue el rascacielos más alto de Nueva York. Durante 28 años, su dominio se vio eclipsado por las torres del World Trade Center, destruidas el 11 de septiembre de 2001. Fue superado de nuevo tras la construcción del One World Trade Center en 2014. Unos 4 millones de turistas lo visitan cada año (ver pp. 12-13).

② Chrysler Building
La aguja de acero inoxidable de este edificio embellece el perfil de la ciudad. Fue proyectado por William Van Alen en estilo *art déco* entre 1928 y 1930, como homenaje al automóvil. Por ello tiene un friso decorativo con estilizados tapacubos y gárgolas plateadas, diseñadas a semejanza de los tapones de radiador alados de los coches Chrysler de la época (ver p. 127).

Woolworth Building

③ Woolworth Building
En 1913, el destacado arquitecto Cass Gilbert proyectó este edificio de estilo neogótico que durante dos décadas fue el más alto del mundo. La rica decoración de terracota acentúa la estructura de acero que soporta la torre de 60 pisos que domina Broadway. El vestíbulo interior es de un lujoso mármol traído de Grecia y Vermont (ver p. 85).

④ Comcast Building
PLANO J3 ■ 30 Rockefeller Plaza, entre 50th y 51st Sts
■ **Horario vestíbulo: 7.00-medianoche todos los días**
Con sus 70 pisos, este espectacular rascacielos (1931-1933) de Raymond Hood conocido como 30 Rock tiene retranqueos que lo hacen más estilizado desde lejos. Parte de la grandeza de la idea de Hood reside en el contraste entre la altura del edificio y el Rockefeller Center que lo rodea (ver pp. 16-17).

⑤ Flatiron Building
Este edificio de 21 pisos y forma triangular fue proyectado por Daniel Burnham en 1902. Su aspecto era tan singular que se hicieron apuestas sobre si acabaría derrumbándose. El secreto de su exitoso diseño es que se apoyó en una

Aguja del Chrysler Building

encuentra el Grill, un restaurante de los famosos chefs Mario Carbone y Rich Torrisi.

8 601 Lexington Avenue
PLANO J4 ■ 601 Lexington Ave ■ **Plaza y vestíbulo abiertos en horario de oficina**

Considerado el primer rascacielos posmoderno de Nueva York cuando se completó como Citicorp Center (1978), su tejado triangular nunca fue utilizado como panel de energía solar (idea original), pero es su elemento distintivo. La base abierta sobre cuatro grandes columnas y el exterior de aluminio y cristal le dan ligereza.

9 56 Leonard
PLANO P3 ■ 56 Leonard St, en Church St ■ **Cerrado al público**

El edificio más alto de Tribeca, una reluciente torre de bloques de cristal, es una auténtica maravilla. Fue diseñado por Herzog & de Meuron y concluido en 2016.

10 One World Trade Center
Inaugurado en 2014, marcó el renacimiento de Lower Manhattan tras el 11S. Abrió sus puertas en 2014. Es el edificio más alto de la ciudad y sus 1.776 pies (541 m) *(ver p. 80)* rememoran el año de la Declaración de Independencia de los EE.UU.

One World Trade Center

estructura de acero en vez de en gruesos muros de piedras, convirtiéndolo así en un precursor de los rascacielos posteriores *(ver p. 116)*.

6 Lever House
En su día, este edificio de 24 pisos de Gordon Bunshaft *(ver p. 131)* acabado en 1952 resultó revolucionario: fue el primer rascacielos construido como un inmenso bloque vertical de acero y cristal. Con él, Park Avenue inició su transformación en una avenida flanqueada de torres de cristal.

7 Seagram Building
PLANO J4 ■ 375 Park Ave, entre 52nd y 53rd Sts ■ **Plaza y vestíbulo abiertos en horario de oficina**

El primer edificio de Nueva York, obra de Mies van der Rohe, es esta "caja de cristal" con estrechas bandas de bronce entre muros de vidrio ahumado que se alza desde una plaza abierta. Los materiales utilizados en el vestíbulo diseñado por Philip Johnson contribuyen a difuminar las diferencias entre el espacio interior y el exterior. Dentro se

🔟 Edificios históricos

Interior de la catedral de San Patricio

1 St. Paul's Chapel
Terminada en 1766, esta iglesia tiene un interior georgiano iluminado por lámparas Waterford. Se conserva el banco donde rezó George Washington tras ser investido presidente (ver p. 86).

2 City Hall
Este bello edificio de estilo georgiano (1812) con influencias renacentistas francesas es uno de los más bellos de Nueva York. En el interior hay una rotonda con diez columnas corintias que se abre a dos escaleras de mármol (ver p. 86).

City Hall

3 Trinity Church
Iglesia con torre cuadrada (ver p. 79) y puertas de bronce diseñadas por R. M. Hunt y construida entre 1839 y 1846. Su aguja, en su día la estructura más alta de Manhattan, se ve empequeñecida por los rascacielos de Wall Street. Aquí están enterrados Alexander Hamilton (ver p. 46) y Robert Fulton.

4 Catedral de San Patricio
James Renwick Jr. diseñó la catedral católica (abierta en 1879) más grande de América. Su estilo es gótico francés y tiene dos torres de 100 m. Interior majestuoso con vidrieras, así como altares y capillas dedicados a diferentes santos (ver p. 128).

5 Carnegie Hall
El industrial Andrew Carnegie financió en 1891 la primera gran sala de conciertos de la ciudad. En 1986 se remozaron los palcos de bronce y el estuco, y se añadió un museo. En los pasillos se exponen recuerdos de los grandes artistas que han actuado allí (ver p. 129).

6 Catedral Iglesia de St. John the Divine
Las obras de la catedral más grande del mundo comenzaron en 1892 y aún no han terminado. El edificio, en parte románico y en parte gótico, impresiona por su trabajo de mampostería, la enorme nave, las ventanas en saledizo del altar y el rosetón. Hoy día es la sede de la archidiócesis episcopal de Nueva York. En ella se celebran conciertos de música vanguardista, así como representaciones teatrales (ver p. 148).

⑦ New York Stock Exchange

Inaugurado en 1903, este edificio de 17 pisos acoge el centro financiero de Estados Unidos. Los relieves del frontón evocan las fuentes de la prosperidad americana. Aquí tuvo lugar el Jueves Negro de 1929, con el que comenzó la Gran Depresión (ver p. 79).

⑧ US Custom House

Esta estructura neoclásica de ocho pisos (1907) tiene un tejado con mansardas y bellas esculturas, cuatro de ellas obra de Daniel Chester French. Un mural con motivos náuticos de 1937, obra de Reginald Marsh, adorna la gran rotonda oval (ver p. 79).

⑨ New York Public Library

Tanto el exterior como el interior de este edificio de mármol blanco en estilo *beaux arts* (1911) tienen unas impresionantes escalinatas, terrazas y fuentes, mientras que las salas de lectura invitan a los usuarios de la biblioteca al recogimiento (ver p. 128).

⑩ Grand Central Terminal

Esta estación de ferrocarril, de 1913, es famosa por su belleza. El vestíbulo principal está impregnado de luz natural y su techo abovedado está decorado con las constelaciones (ver p. 127).

Vestíbulo principal de Grand Central Terminal

TOP 10: IGLESIAS Y TEMPLOS

Sinagoga Emanu-El

1 Temple Emanu-El
PLANO G4 ▪ 1 East 65th St
La mayor sinagoga del mundo (1929).

2 St. George Ukrainian Catholic Church
PLANO M4 ▪ 30 East 7th St
Iglesia católica contemporánea construida en estilo bizantino.

3 St. Nicholas Russian Orthodox Cathedral
PLANO E4 ▪ 15 East 97th St
Cinco cúpulas bulbosas caracterizan esta barroca iglesia rusa.

4 St. Sava Serbian Orthodox Cathedral
PLANO L3 ▪ 16-20 West 26th St
A esta iglesia de 1856 se le añadieron ventanales bizantinos.

5 St. Vartan Armenian Cathedral
PLANO K4 ▪ 630 2nd Ave
La cúpula de pan de oro se inspiró en las iglesias armenias.

6 St. Elizabeth of Hungary Church
PLANO F4 ▪ 211 East 83rd St
Esta iglesia neogótica tiene un techo abovedado pintado de estrellas.

7 Holy Trinity Cathedral
PLANO G5 ▪ 319 East 74th St
Construida en 1931 en estilo bizantino, es la diócesis ortodoxa griega.

8 Zion St. Mark's Evangelical Lutheran Church
PLANO F5 ▪ 339 East 84th St
Esta iglesia de 1892 es un vestigio del pasado alemán del Upper East Side.

9 First Chinese Presbyterian Church
PLANO P5 ▪ 61 Henry St
El santuario de piedra data de 1819.

10 Islamic Cultural Center
PLANO E4 ▪ 1711 3rd Ave con 96th St
De su cúpula cuelgan 90 lámparas.

🔟 Rutas menos frecuentadas

Vista aérea de Governors Island

EE.UU. se llega a esta isla del East River, que tiene desde un faro del siglo XIX al parque Franklin D. Roosevelt Four Freedoms, a la orilla del río.

5 New York Earth Room
PLANO N4 ▪ 141 Wooster St ▪ Horario: med sep-med jun: 12.00-15.00 y 15.30-18.00 mi-do ▪ www.diaart.org

El atractivo de esta moderna instalación de Walter De Maria reside en la yuxtaposición: una gran sala llena de tierra en pleno SoHo, el barrio con el metro cuadrado más caro del mundo.

1 Governors Island
PLANO R2 ▪ New York Harbor ▪ Horario: may-oct: 10.00-18.00 lu-vi 10.00-19.00 sá ▪ www.govisland.com

El recorrido en ferri hasta esta antigua base de los guardacostas de Nueva York es de unos 10 minutos. Exposiciones al aire libre, conciertos de verano y festivales.

6 Wave Hill
4900 Independence Ave ▪ Horario: 10.00-17.30 ma-do (nov-mar: hasta 16.30) ▪ se cobra entrada ▪ www.wavehill.org

Tras los pasos de Mark Twain y Theodore Roosevelt, antiguos residentes de la Wave Hill House, con su jardín y centro cultural.

2 Socrates Sculpture Park
PLANO F6 ▪ 32-01 Vernon Blvd, Queens ▪ Horario: 9.00-ocaso todos los días ▪ www. socratessculpture park.org

Es un parque escultórico al aire libre. Se organizan diferentes actividades gratuitas desde el solsticio de verano hasta Halloween.

7 Alice Austen House
2 Hylan Blvd, Staten Island ▪ Horario: mar-dec: 12.00-16.00 ma-sá ▪ Se cobra entrada ▪ www.aliceausten.org

La historia de la ciudad de Nueva York se recorre a través del legado

3 Green-Wood Cementery
500 25th St, Brooklyn ▪ Horario: abr-sep: 7.00-19.00 todos los días; oct-mar: 8.00-17.00 todos los días ▪ www.green-wood.com

En este cementerio integrado en el paisaje yacen muchas personalidades de Nueva York, de Basquiat a Bernstein.

4 Roosevelt Island Tramway
PLANO H5

A bordo del tranvía de Roosevelt Island, uno de los más antiguos de

Alice Austen House, Staten Island

de Alice Austen, una de las pioneras de la fotografía de EE.UU., en este museo de Staten Island.

8 Museum of the Moving Image

El barrio de Queens alberga uno de los mejores museos del cine de todo el país. La colección permanente incluye aparatos como cámaras y televisores antiguos, pero los elementos interactivos son los que más les gustan a los visitantes porque pueden ponerles voz a escenas de películas muy conocidas por todos *(ver p. 158)*.

Museum of the Moving Image

9 Greenacre Park

PLANO J4 ▪ East 51st St, entre 2nd y 3rd Aves
▪ www.greenacrepark.org

¿Una cascada en pleno Midtown de Manhattan? A veces desapercibido, este parquecito es perfecto para descansar, oler las flores y en verano refrescarse con el agua de la cascada artificial de 8 m de altura.

10 Red Hook
South Brooklyn
▪ www.redhookwaterfront.com

Magnífico *skyline* neoyorquino y vista frontal de la Estatua de la Libertad (desde Manhattan y Nueva Jersey solo se alcanzan a ver la espalda y el lateral de la estatua) desde este paseo marítimo del barrio de Brooklyn. Se puede aprovechar para recuperar energías probando la comida casera de Red Hook Lobster Pound y Steve's Authentic Key Lime Pies.

TOP 10: PARQUES Y JARDINES

Primavera en Madison Square Park

1 Madison Square Park
PLANO L3 ▪ 5th Ave con Broadway
Este parque organiza impresionantes muestras de arte callejero.

2 The High Line
Este antiguo paso elevado para trenes reconvertido en parque ha transformado el Meatpacking District *(ver p. 121)*.

3 Bryant Park
PLANO K3 ▪ 6th Ave
Un reducto verde entre los rascacielos del Midtown, justo detrás de la Biblioteca Pública de Nueva York.

4 Central Park
El parque más conocido de la ciudad de Nueva York *(ver pp. 32-33)*.

5 91st Street Community Garden
PLANO E2 ▪ Riverside Park
Preciosa arboleda adornada con flores.

6 Hudson River Park
PLANO N2 ▪ Desde 59th St hasta Battery Park
El parque ribereño más largo de Estados Unidos.

7 New York Botanical Garden
Es el jardín botánico de referencia en la ciudad, con plantas y flores de todo el mundo *(ver p. 155)*.

8 The Cloisters' Gardens
Un oasis de serenidad y belleza, con más de 250 tipos de plantas *(ver p. 37)*.

9 Battery Park
PLANO R3 ▪ Sur de Manhattan
Parque costero con vistas al puerto y a la Estatua de la Libertad.

10 John Jay Park
PLANO F5 ▪ East 77th St con FDR Drive
Pasado el parque infantil hay una zona tranquila para sentarse a contemplar el East River.

🔟 Nueva York para niños

Complejo deportivo Chelsea Piers

① Chelsea Piers
PLANO L2 ■ **23rd St, en el río Hudson** ■ **Horario: 5.30-23.00 lu-vi (hasta 22.00 vi), 8.00-21.00 sá y do** ■ **Se cobra entrada** ■ **www.chelsea piers.com**
Este complejo deportivo familiar cuenta con bolera, pista de hielo, módulos para practicar golf y béisbol, así como campos de juego.

② Central Park
Cuentacuentos, tiovivos, paseos en barca y rutas guiadas. En invierno, se puede patinar sobre hielo en el Wollman Rink y en el Lasker Rink (en reforma hasta 2023). En ambos se alquilan patines. El zoo de Central Park también merece una visita *(ver pp. 32-33)*.

③ Children's Museum of Manhattan
Cinco plantas de dispositivos interactivos, como Body Odyssey, donde se explora el cuerpo humano. Además, un *set* de televisión donde los niños realizan sus propios programas *(ver p. 144)*. También cuenta con un área de juego para menores de 4 años.

④ American Museum of Natural History
Se introduce a los niños en el mundo de los dioramas realistas de animales salvajes y las fascinantes exposiciones de dinosaurios. También son muy populares los meteoritos, las rocas y los minerales. El Rose Center (planetario) fascina a niños mayores y adolescentes *(ver pp. 40-41)*.

⑤ Brooklyn Children's Museum
Este museo interactivo muestra exposiciones sobre historia, ciencia y medio ambiente, así como sobre las diversas etnias y culturas de Brooklyn. Este edificio luminoso diseñado especialmente bajo el suelo aloja más de 30.000 objetos que van desde máscaras e instrumentos musicales hasta minerales y fósiles *(ver p. 159)*.

⑥ New Victory Theater
PLANO J3 ■ **209 West 42nd St** ■ **Horario de taquilla: 12.00-19.00 ma-sá, 11.00-17.00 do y lu** ■ **Se cobra entrada** ■ **www.new victory.org**
El mayor teatro de Nueva York dedicado al entretenimiento de toda la familia. Organiza talleres con el personal del teatro y los actores antes de las funciones, lo que representa una oportunidad única de averiguar cómo funciona un teatro por dentro.

Una pieza del American Museum of Natural History

7 Coney Island

Ha experimentado grandes remodelaciones tras años de abandono. En esta isla se sitúa el Luna Park *(ver p. 159)*, con sus emocionantes atracciones, la emblemática noria, la larga playa y un paseo marítimo con ambiente festivo y salpicado de mosaicos marinos, salones de juegos recreativos, chiringuitos y barracas de feria. En resumen: un fabuloso parque infantil. El verano es la mejor época para visitarlo, ya que la mayoría de las atracciones están al aire libre, pero los fines de semana está repleto de gente.

Atracciones de Coney Island

8 New York Transit Museum

Para descubrir la compleja red de metros, trenes, autobuses, puentes y túneles de Nueva York. Es un museo vivaz *(ver p. 159)* con maquetas, fotografías, torniquetes y exposiciones interactivas sobre tecnología de los combustibles. Hay una galería anexa en Grand Central Terminal *(ver p. 132)*.

9 Tall Ship Cruises

PLANO Q4 ▪ Muelle 16 de Seaport District NYC ▪ Horario: may-sep: mi-do ▪ Se cobra entrada ▪ www.southstreetseaport museum.org

Un paseo en barco por el puerto de Manhattan es toda una experiencia, y qué mejor que vivirla a bordo de la goleta con casco de hierro *Pioneer* (1885) en el Seaport District NYC. Se puede optar por el trayecto de 90 minutos a mediodía o por los cruceros de 2 horas que parten por la tarde y por la noche.

10 Children's Museum of the Arts

Cuando los más pequeños se cansen de recorrer la ciudad, se les puede llevar a este edificio del SoHo *(p. 102)* para que disfruten de sus exposiciones interactivas. Se anima a los niños a crear obras de arte o entretenerse en las zonas de juego. Los menores de cinco años tienen sus propias sesiones de arte, con un espacio reservado a tal fin. También ofrece un variado programa de actos atractivos para los niños y sus familias.

🔟 La Nueva York LGTBIQ+

Stonewall In

Organiza exposiciones de todas las disciplinas artísticas, pues abarca desde la fotografía y el vídeo hasta la pintura y el dibujo.

1 Stonewall Inn
PLANO N3 ■ 53 Christopher St

El 27 de junio de 1969 se produjo una redada policial contra los clientes LGTBIQ+ que protestaban por el acoso de las fuerzas del orden. En 2016 se convirtió en el primer monumento nacional estadounidense dedicado a los derechos del colectivo LGTBIQ+.

2 Christopher Street
PLANO N3

La profusión de bares y tiendas entre las 6th y 7th Avenues solía ser el epicentro gay del Greenwich Village antes de que la comunidad se trasladara a Chelsea y Hell's Kitchen. Con todo, aún conserva cierto aire de su historia.

3 Leslie Lohman Museum of Gay and Lesbian Art
PLANO P3 ■ 26 Wooster St ■ Horario: mediodía-18.00 mi-do, mediodía-20.00 ju ■ 212 431 2609 ■ www.leslielohman.org

Este es uno de los museos de arte LGTBIQ+ más antiguos del país.

4 Chelsea
PLANO M2/L2 ■ 8th Ave entre West 14th y West 23rd Sts

Un barrio popular por la comunidad LGTBIQ+, que abarrota los bares y llena las calles durante el fin de semana.

5 Lesbian, Gay, Bisexual, and Transgender Community Center
PLANO M2 ■ 208 West 13th St ■ Horario: 9.00-22.00 lu-sá (hasta 21.00 do) ■ www.gaycenter.org

Desde 1983, este centro ha sido punto de encuentro para organizaciones locales. Es un referente en salud, educación pública y orientación emocional para el colectivo LGTBIQ+. También documenta su historia en la amplia biblioteca del centro.

6 Publicaciones

Gay City News es una revista semanal gratuita de política, salud y artes para la comunidad LGTBIQ+. También tiene una web informativa (www.gaycitynews.com). *Metrosource* es otra revista bimensual de estilo de vida publicada en papel (www.metrosource.com). *Time Out New York*, semanario de ocio que se

Fachada del Leslie Lohman Museum of Gay and Lesbian Art

distribuye gratis cada miércoles, publica una sección dedicada a eventos y espectáculos para LGTBIQ+.

⑦ Locales nocturnos
Para más detalle consultar las publicaciones mencionadas

Muchos bares y clubes organizan fiestas nocturnas (The Eagle, los martes y The Monster, los domingos). The Cock está muy animado la mayoría de las noches. Atención: las quejas de los vecinos y la subida de los alquileres hace que los garitos nocturnos cambien de ubicación con frecuencia.

⑧ Lesbian Herstory Archives
484 14th St, Brooklyn ▪ Metro (F) 15th St, Prospect Park ▪ 718 768 3953 ▪ Visita con cita previa ▪ www.lesbianherstoryarchives.org

El archivo más antiguo (1973) y grande del mundo sobre la historia de las lesbianas está ubicado en Park Slope, un popular barrio lésbico de Brooklyn. Cuenta con libros, fotos, publicaciones periódicas y películas, y organiza actos en apoyo de artistas y escritoras lesbianas.

⑨ New York Sports Club
PLANO M3 ▪ 128 8th Ave con West 16th St ▪ Horario: 6.00-22.00 lu-ju, 6.00-21.00 vi, 7.00-20.00 sá y do ▪ Se cobra entrada

Los amantes de hacer músculos de Chelsea acuden a este popular gimnasio, de cuya cadena hay varios establecimientos. Encontrará equipamiento de alta tecnología, yoga, BFX, clases de spin y saunas.

⑩ Bluestockings Cooperative
PLANO N5 ▪ 116 Suffolk St

Este local del Lower East Side, que recibe su nombre de un grupo feminista del siglo XVIII, cambia de piel (por así decirlo) durante el día. Es una excelente librería de literatura femenina, un café de productos ecológicos y un lugar donde se organizan lecturas, presentaciones y otros eventos.

TOP 10: LUGARES DE AMBIENTE

Logotipo de Henrietta Hudson

1 Henrietta Hudson
PLANO N3 ▪ 438 Hudson St
Acogedor y serio bar para lesbianas en Greenwich Village.

2 Gym
PLANO L2 ▪ 167 8th Ave
Acogedor e informal, es el primer bar gay de deportes de la ciudad.

3 The Boiler Room
PLANO N4 ▪ 86 East 4th St
Popular local gay famoso por sus bailes los domingos a la hora del té.

4 Julius'
PLANO M3 ▪ 159 West 10th St
El bar gay más antiguo de Nueva York todavía presume de carácter y sirve sabrosas hamburguesas.

5 Flaming Saddles
PLANO H2 ▪ 793 9th Ave
Bar gay con bailarines estilo cowboy.

6 Phoenix
PLANO M5 ▪ 447 East 13th St
Lugar muy frecuentado del East Village de ambiente tradicional. Modesto y con copas baratas.

7 The Eagle
PLANO L2 ▪ 554 West 28th St
Aquí todo va de pantalones Levis, cueros y fetiches.

8 Posh Bar
PLANO J2 ▪ 405 West 51st St
Bar tranquilo y elegante con copas a mitad de precio durante la *happy hour*.

9 Club Cumming
PLANO N5 ▪ 505 East 6th St
Famoso por sus fiestas desenfrenadas, este bar/club es propiedad del actor Alan Cumming.

10 The Cubby Hole
PLANO M2 ▪ 281 West 12th St
Modesto e íntimo bar de lesbianas, querido por su decoración de *Buscando a Nemo* y su *jukebox* a la antigua usanza.

TOP10 Artes escénicas

Bailarina del David H. Koch Theater

1 David H. Koch Theater

Conocido anteriormente como New York State Theater, esta famosa sala fue construida en 1964 a partir de las indicaciones del legendario coreógrafo George Balanchine, fundador del The New York City Ballet, compañía que ofrece aquí sus montajes en invierno y primavera. El teatro organiza actuaciones de compañías de danza internacionales *(ver p. 142)*.

2 Metropolitan Opera House

Este elegante escenario del Lincoln Center está decorado con murales de Marc Chagall. En el interior centellean la bellas lámparas que se izan hasta el techo antes de cada representación. Es la sede del American Ballet Theatre y en él actúan los intérpretes más prestigiosos, además de su famosa compañía de ópera *(ver p. 142)*.

3 David Geffen Hall

Rebautizado en honor del magnate del espectáculo David Geffen, que donó 100 millones de dólares al Lincoln Center *(ver p. 142)*. Es la sede de la Filarmónica de Nueva York, decana de las orquestas sinfónicas estadounidenses. En su ala oeste se ha colocado un busto del compositor Gustav Mahler, antiguo director de la filarmónica. Esta obra de Rodin es una de las mejores esculturas del Lincoln Center *(ver p. 142)*.

4 Carnegie Hall

Histórica sala de conciertos inaugurada en 1891 con motivo del debut de Chaikovsky en EE.UU. Una campaña promovida por el violinista Isaac Stern lo salvó de ser demolido tras la construcción en 1969 del Lincoln Center *(ver p. 142)*. Conserva todo su antiguo encanto tras la amplia remodelación *(ver p. 129)*.

⑤ Alice Tully Hall

Esta sala con su moderna fachada se construyó en 1969 como sede de la Chamber Music Society. Además de conciertos líricos y de música de cámara, organiza actuaciones (muchas gratuitas) de estudiantes de la famosa escuela de música Julliard School *(ver p. 142)*.

⑥ New York City Center

PLANO H3 ■ 131 West 55th St, entre 6th y 7th Aves ■ 212 581 1212 ■ Se cobra entrada ■ www. nycitycenter.org

Este edificio de estilo mudéjar, con una cúpula de azulejos españoles, se inauguró en 1923. Lo salvó de la demolición el alcalde Fiorello H. LaGuardia *(ver p. 46)* y consiguió sobrevivir incluso después de perder sus empresas a favor del Lincoln Center. En él actúan compañías de danza itinerantes. El centro fue restaurado en 2011.

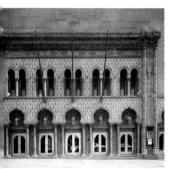

El vistoso New York City Center

⑦ Joyce Theater

PLANO L2 ■ 175 8th Ave con 19th St; Joyce Soho: 155 Mercer St ■ 212 242 0800 ■ Se cobra entrada ■ www.joyce.org

Esta sala de cine de estilo *art déco* y que data de 1941 fue reconvertida en 1982 en sala para espectáculos de danza. En ella presentan sus montajes pequeñas y medianas compañías de danza moderna de todo el mundo. En algunas ocasiones se organizan coloquios con los artistas tras la conclusión de las representaciones.

Luces de neón de Radio City

⑧ Radio City Music Hall

PLANO J3 ■ 1260 6th Ave con 50th St ■ 212 247 4777 ■ Visitas guiadas: 9.30-17.00 todos los días ■ Se cobra entrada ■ www.msg.com

Inaugurado en 1932, el mayor teatro de EE.UU. cuenta con un interior abigarrado de estilo *art déco*. Funcionó como sala de cine y en la actualidad ofrece veladas musicales y actos especiales. Tiene gran tradición el *show* navideño del grupo de bailarinas The Rockettes.

⑨ Brooklyn Academy of Music (BAM)

30 Lafayette Ave, Brooklyn ■ metro: 2, 3, 4, 5, B, Q a Atlantic Ave ■ 718 636 4100 ■ Se cobra entrada ■ www.bam.org

Este edificio de 1908, construido en estilo neoitaliano, ofrece la programación más vanguardista de la ciudad en música, teatro y danza. Celebra desde 1981 el Next Wave Festival.

⑩ Madison Square Garden

PLANO K3 ■ 7th Ave con 32nd St ■ 212 465 6741 ■ Visitas guiadas 9.30-15.00 todos los días (12.15-15.00 cuando juegan los Knicks) ■ Se cobra entrada ■ www.msg.com

Aquí juega el equipo de baloncesto de los Knicks y el de hockey de los Rangers. Con 20.000 localidades, se usa además para conciertos (Billy Joel es un habitual), montajes sobre hielo, tenis, boxeo y exhibiciones caninas.

🔟 Escenarios musicales

Auditorio del Beacon Theatre

1 Beacon Theatre
PLANO G2 ■ 2124 Broadway con West 74th St ■ Horario: abre 1 h antes del espectáculo

Es probable que cualquier estrella de la música haya actuado en este escenario, desde Bob Dylan a B.B. King. Aquí suena desde el pop y el *rock* suave hasta el góspel.

2 Village Vanguard
PLANO M3 ■ 178 7th Ave South ■ Horario: 20.00-medianoche

Desde 1935 este club ha acogido actuaciones de los mejores del *jazz*. En los primeros años era ecléctico, lanzó la carrera del cantante de *Calypso*, Harry Belafonte.

3 Birdland
PLANO J2 ■ 315 West 44th St, entre 8th y 9th Aves ■ Horario: 17.00-1.00 todos los días

Otro local de leyenda, aunque ya no está en la ubicación original donde tocó Charlie Parker en 1949. Ahora está cerca de Times Square. Todos los lunes toca La Birdland Big Band.

4 SOBs
PLANO N3 ■ 204 Varick St con West Houston St ■ Horario de apertura variable

Las iniciales significan Sound of Brazil, pero la música va de los ritmos que abarcan el *reggae* y el *hip hop*, pasando por el *soul* o el jazz. El ritmo es contagioso y la pista de baile se llena de gente.

5 Music Hall of Williamsburg
PLANO M7 ■ 66 North 6th St, Williambsburg (Brooklyn) ■ Grupos entre 18.00 y 20.00 todos los días ■ Se cobra entrada

Instalado en una antigua fábrica de mayonesa, presume de un gran escenario con una acústica estelar y tres bares. Uno de los mejores de Brooklyn, gestionado por el mismo grupo que el Webster Hall, el Brooklyn Steel y el SummerStage, en Central Park.

6 The Iridium
PLANO J3 ■ 1650 Broadway con West 51st St ■ Horario: 19.00-medianoche todos los días ■ Se cobra entrada

Inaugurado en 1994, The Iridium tiene una decoración moderna, buena comida y nuevos y excelentes grupos de *jazz*. El guitarrista Les Paul tocó aquí entre 1996 y 2009.

7 Dizzy's Club Coca Cola
PLANO H2 ■ Broadway con 60th St ■ Grupos a las 19.30 y 21.30 todos los días (también 23.30 ma-sá) ■ Se cobra entrada

Parte del Jazz at Lincoln Center, este club tiene programas de grandes bandas de *jazz*. El precio de la entrada se las trae, pero las sesiones nocturnas (a partir de las 23.30) cuestan 5 $ los martes y miércoles, 10 $ los jueves y viernes y 20 $ los sábados. La comida tiene buen precio.

(8) Brooklyn Steel

319 Frost St (con Debevoise Ave), East Williamsburg ▪ Los horarios varían, consultar detalles en la página web ▪ Se cobra entrada ▪ www.bowery presents.com/venues/brooklyn-steel

Abierto en 2017, este local se encuentra en una factoría de producción de acero remodelada. Acoge a bandas locales e internacionales como LCD Soundsystem o Arctic Monkeys.

(9) Bowery Ballroom

PLANO N4 ▪ 6 Delancey St, entre Bowery y Chrystie Sts ▪ Horario de apertura variable

Su apertura en 1998 contribuyó al renacimiento del Lower East Side. Este amplio local cuenta con buena acústica y visibilidad. En él tocan grupos conocidos y bandas locales.

(10) Blue Note

PLANO N3 ▪ 131 West 3rd St, entre MacDougal St y 6th Ave ▪ Horario: 19.00-2.00 do-ju, 19.00-4.00 vi y sá

Tony Bennett, Natalie Cole y Ray Charles, entre otros, han actuado aquí. Además del *jazz*, tienen cabida el *blues*, *latin*, *R&B*, *soul* y *big band*.

Entrada del club Blue Note

TOP 10: LOCALES NOCTURNOS

La pista de baile de Schimanski

1 Schimanski
PLANO M7 ▪ 54 North 11th St, Williamsburg
Club puntero con música tecno/dance *underground*.

2 House of Yes
2 Wyckoff Ave, Bushwick
Baile, teatro y cabaret en este lugar de moda de Brooklyn.

3 Rumpus Room
PLANO N4 ▪ 249 Eldridge St
Un local popular entre los estudiantes gracias a las fiestas que se organizan durante toda la semana.

4 Eris Evolution
167 Graham Ave, Williambsburg
Un espacio para el arte que acoge noches de baile temáticas (sobre todo de la década de 1980).

5 Marquee
PLANO L2 ▪ 289 10th Ave
Cuesta entrar, pero merece la pena. Música *house* y *hip hop*.

6 bOb Bar
PLANO N4 ▪ 235 Eldridge St
Mueva las caderas en este club de Lower East Side al ritmo de toda clase de música de baile.

7 Beauty Bar
PLANO M4 ▪ 231 East 14th St
Tiene una zona para tomar copas y sala de baile, sus Dj ponen cada noche música retro de los ochenta y los noventa.

8 The 40/40 Club
PLANO L3 ▪ 6 West 25th St
Elegante bar de moda propiedad del rapero Jay-Z, con bar, zonas VIP y pista de baile donde suena *R&B*.

9 Le Bain
PLANO M2 ▪ 848 Washington St
Un animado club con bar en la azotea, sobre la última planta de The Standard, High Line.

10 Bar 13
PLANO M4 ▪ 35 East 13th St
Tres pisos, terraza y Dj roqueros.

TOP10 Restaurantes

El lujoso interior de Le Bernardin

1 Le Bernardin

Este restaurante francés ha revolucionado la forma de servir el pescado en Nueva York y ofrece el mejor marisco de la ciudad. Su chef, Eric Ripert, parece no tener tacha. Obviamente, la perfección tiene su precio y hay que pagarla, pero la comida es sobresaliente en este 3 estrellas Michelin (ver p. 133).

Comedor de Daniel

2 Daniel

Otro talentoso de Nueva York, Daniel Boulud, dirige este restaurante de inspiración renacentista veneciana. Los platos de temporada, como el bacalao con trufa negra, son deliciosos. El almuerzo generalmente es algo más barato que las otras comidas (ver p. 141).

3 Eleven Madison Park

Es un gustazo acudir a este restaurante de inspiración francesa de Madison Avenue regentado por el chef Daniel Humm y el restaurador Will Guidara (ver p. 119). Lechón, pato tierno y una deliciosa tarta de chocolate rociada de caramelo.

4 Gotham Bar and Grill

El antiguo chef Alfred Portale fue uno de los primeros en servir "comida vertical", deliciosas capas tan artísticamente dispuestas que da pena comerlas. Ahora, la nueva cocina americana servida en un local espacioso y elegante, en una atmósfera relajada (ver p. 113). Reabrió en 2021 con un nuevo propietario.

5 Jean-Georges

Ya estrella de los fogones en sus restaurantes Jo Jo y Mercer Kitchen, el chef Jean-Georges Vongerichten ofrece en este local que lleva su nombre de pila una de las mejores cartas de la ciudad. Destacan las deliciosas salsas y las creativas combinaciones del maestro francés. La decoración de Adam Tihany, elegante y austera, no eclipsa a este talentoso chef (ver p. 147).

6 Russ & Daughters Café

La afamada tienda judía del Lower East Side *(ver p. 98)* abrió este restaurante en 2014. Cocina abierta y establecimiento expendedor de bebidas. El café ofrece especialidades como el salmón ahumado y curado, ensaladas caseras y gran variedad de quesos cremosos. Pruebe la clásica rosca con salmón, o con esturión ahumado y marta.

7 Momofuku Noodle Bar

El niño prodigio David Chang aporta humor y creatividad (y un montón de platos de cerdo) a este restaurante. Sus panecillos de cerdo al vapor son legendarios, pero se puede optar por el marisco o las verduras frescas *(ver p. 101)*.

8 Per Se

Hay que llamar dos meses antes para conseguir mesa en el caro restaurante de Thomas Keller. Es uno de los pocos galardonados con 3 estrellas Michelin de Nueva York. Sus clientes acuden por la comida, el servicio y las vistas de Central Park *(ver p. 147)*.

9 Babbo

Situado en una antigua casa de carruajes, Joe Bastianich ofrece en este restaurante platos creativos de comida italiana. En el menú hay alimentos de temporada, quesos, caza y marisco. La mayoría del *salumi*, *soppressata* y *lardo* es casero *(ver p. 113)*.

Exterior de Gramercy Tavern

10 Gramercy Tavern

Quizá sirva al mismo tiempo la comida más refinada y con menos pretensiones de Nueva York. El chef, Michael Anthony, ha mantenido un alto nivel *(ver p. 119)*.

TOP 10: COMER BARATO

Shake Shack, una popular hamburguesería

1 Shake Shack
PLANO L4 ▪ Southeast esquina de Madison Square Park ▪ 212 889 6600
Jugosas hamburguesas y crujientes patatas fritas en este agradable *burger*.

2 Superiority Burger
PLANO M5 ▪ 430 East 9th St
Fabulosas hamburguesas vegetarianas y veganas a precio razonable, además de sándwiches, ensaladas y burritos.

3 Laoshan Shandong Fried Dumpling
PLANO P4 ▪ 106 Mosco St
▪ 212 693 1060
Sabrosos buñuelos de cerdo frito a un precio de ganga, cinco por 1,50 $.

4 Nyonya
PLANO P4 ▪ 199 Grand St
▪ 212 334 3669
Buena comida rápida malaya.

5 NY Dosas
PLANO N3 ▪ 50 Washington Square S Blvd ▪ 917 710 2092
Este carrito de comida vegana ofrece dosas al estilo de Sri Lanka.

6 Flor de Mayo
PLANO D2 ▪ 2651 Broadway
▪ 212 595 2525
Cocina de inspiración peruana, cubana y china. Su especialidad: pollo asado.

7 Joe's Pizza
PLANO N3 ▪ 7 Carmine St. ▪ 347 312 4955
Una de las mejores pizzas de pasta fina al horno de la ciudad.

8 Tasty Hand-Pulled Noodles
PLANO P4 ▪ 1 Doyers St
▪ 212 791 1817
Excelente selección de fideos chinos servidos en sopa o fritos con diversas guarniciones.

9 La Bonne Soupe
La mejor sopa de cebolla se toma en este *bistrot* del Midtown *(ver p. 133)*.

10 Corner Bistro
PLANO M2 ▪ 331 West 4th St
▪ 212 242 9502
Hamburguesas gigantes en West Village.

Bares y ocio nocturno

1 King Cole Bar y Lounge

PLANO H4 ▪ St. Regis Hotel, 2 East 55th St, entre 5th y Madison Aves ▪ 212 753 4500

El mural Old King Col, los paneles de caoba y los suntuosos asientos caracterizan al bar de hotel más famoso de Nueva York, donde se cree que fue creado el Bloody Mary. Exuberante, lujoso y muy caro.

2 Dear Rabbit

PLANO R4 ▪ 30 Water St ▪ 646 422 7906

Ambiente del siglo XIX en este agradable bar ubicado en un edificio bicentenario del Lower Manhattan. De luz tenue e íntima, es el híbrido perfecto de coctelería y vieja taberna irlandesa, con una reluciente barra de madera, un suelo con serrín y un ponche alcohólico por cuenta de la casa.

3 Gansevoort Rooftop

PLANO M2 ▪ Gansevoort Hotel, 18 9th Ave con 13th St ▪ 212 206 6700

Se disfruta de unas magníficas vistas de Nueva York y del río Hudson desde el bar de la azotea del moderno Gansevoort Hotel, en pleno Meatpacking District. A pesar de ser algo caro, es un lugar ideal para relajarse en verano.

4 Angel's Share

PLANO M4 ▪ 8 Stuyvesant St ▪ 212 777 5415

Los visitantes pasan por este restaurante japonés para conocer la influencia asiática de este local del East Village. Los clientes, elegantemente vestidos, beben cocteles caros y comparten platos de *dim sum* y ostras fritas.

5 Flûte

PLANO H3 ▪ 205 West 54th St, entre 7th Ave y Broadway ▪ 212 265 5169

Este local se precia de ofrecer 150 tipos diferentes de champán, algunos de los cuales están disponibles por copas. En este antiguo bar se mezclan con éxito una decadente opulencia, un ambiente romántico y un servicio esmerado. Durante la Ley Seca (1919-1933) lo dirigía la famosa mánager y corista Texas Guinan.

El espacioso y luminoso interior de Gansevoort Rooftop

The Loeb Boathouse, en Central Park

(6) The Loeb Boathouse Bar
PLANO G2 ■ Central Park cerca de East 72nd St ■ 212 517 2233

Es toda una experiencia contemplar, desde este bar cercano al Lago de Central Park, el crepúsculo tras el *skyline* de la ciudad. En las noches cálidas llega hasta el bar el romántico rumor de las barcas.

(7) Salon de Ning
PLANO H3 ■ Peninsula Hotel, 700 5th Ave con 55th St ■ 212 956 2888

Desde el piso 23 de este elitista bar de temática asiática hay espectaculares vistas de Manhattan. Su terraza no tiene competencia posible.

(8) Bemelmans Bar
PLANO F4 ■ Carlyle Hotel, 35 E 76th St ■ 212 744 1600

Retrocede en el tiempo con los cócteles y la música en directo de este bar así llamado por Ludwig Bemelmans, creador de los populares libros infantiles de Madeline y artista responsable de los murales que adornan las paredes. Los estilosos motivos *art déco* están rematados con banquetas de piel y un techo cubierto con pan de oro de 24 quilates.

(9) Paul's Casablanca
Esta coctelería con decoración marroquí *(ver p. 106)* está especialmente concurrida durante la Semana de la Moda. Los DJ se centran cada noche en un género distinto, que va desde el rock hasta el hip hop. Los domingos suenan The Smiths.

(10) Employees Only
PLANO N3 ■ 510 Hudson St ■ 212 242 3021

Este bar sirve cócteles de factura impecable. Con un regusto retro gracias a la vidente de la entrada, la caoba y las cálidas luces.

TOP 10: BARES CON TERRAZA

1 Wythe Hotel Rooftop Bar
PLANO M7 ■ 80 Wythe Ave, Williamsburg ■ www.wythehotel.com
Bar con precios razonables y sensacionales vistas de Manhattan.

2 Metropolitan Museum Roof Garden Bar
PLANO F3 ■ 5th Ave y 82nd St ■ www.metmuseum.org
Cócteles con vistas a Central Park.

3 Hotel Chantelle
PLANO N5 ■ 92 Ludlow St ■ www.hotelchantelle.com
Bar-terraza al modo parisino con farolas anticuadas y vegetación.

4 Gansevoort Rooftop
PLANO M2 ■ 18 9th Ave ■ www.gansevoorthotelgroup.com
De los mejores sitios para festejos.

5 Broken Shaker
Deguste cócteles creativos y perfectamente mezclados *(ver p. 118)*.

6 Jimmy
PLANO P3 ■ 15 Thompson St ■ www.jimmysoho.com
Panorámica total de Manhattan.

7 Berry Park
4 Berry St, Brooklyn ■ www.berryparkbk.com
Azotea de Brooklyn con vistas a Manhattan.

8 Empire Rooftop Bar & Lounge
PLANO H2 ■ 4 West 63rd St ■ www.empirehotelnyc.com
Jazz con vistas al Upper West Side.

9 Loopy Doopy Rooftop Bar
PLANO Q3 ■ 102 North End Ave ■ www.conradnewyork.com
Con vistas a la Estatua de la Libertad.

10 230 Fifth Rooftop Bar
Vistas impresionantes del Empire State desde este popular bar *(ver p. 118)*.

Terraza de la azotea del 230 Fifth

⭐10 Tiendas

Grandes almacenes Macy's

1 Macy's

En estos almacenes, los más grandes de la ciudad, se puede encontrar cualquier cosa. Macy's participa activamente en la vida de la ciudad al organizar eventos como la exposición floral de primavera (se celebra en mar/abr) o sus festivas celebraciones de Navidad e iluminación de árboles *(ver p. 123).*

2 Bloomingdale's
PLANO H4 ■ 1000 Lexington Ave con 59th St

Después de Macy's, son los almacenes más conocidos, sobre todo por su moda exclusiva de hombre y mujer. La planta baja (cosméticos, joyería y accesorios) suele estar llena, pero los demás departamentos son más tranquilos.

Zapatos de Bloomingdale's

3 Bergdorf Goodman
PLANO H3–K3 ■ 754 5th Ave con 57th St

Abierto en 1928, ofrece amplia variedad de ropa de diseñadores famosos para hombres, mujeres y niños, además de una lujosa selección de accesorios para la casa. También

tiene escaparates con mucho estilo a los que conviene echar un vistazo.

4 Saks Fifth Avenue
PLANO K3 ■ 611 5th Ave con 50th St

Lleva gestionando este gran almacén aquí mismo desde 1924. Hoy es conocido sobre todo por la moda de lujo de diseñadores como Alexander McQueen, Balenciaga o Gucci. También hay muchos complementos.

5 Nordstrom

Inaugurado en 2019 y con una espectacular fachada de cristal, estos emblemáticos grandes almacenes de lujo de Nueva York *(ver p. 130)* se extiende en siete plantas y tiene ropa, zapatos, complementos y artículos para el hogar, además de salones de belleza, restaurantes, cafés y bares.

6 Brooklyn Flea
PLANO M7 ■ Kent Ave con N 6th St, Williamsburg; 80 Pearl St, Dumbo

Abierto los fines de semana. Se ha convertido en el decano de los mercados de Nueva York, abarrotado de cientos de muebles, ropa *vintage*, arte y puestos de antigüedades. Suele celebrarse al aire libre (abr-oct) los sábados en Williamsburg y los domingos, en Dumbo. Vale la pena visitar el moderno mercado de alimentos al aire libre de Smorgasburg, que se celebra todos los fines de semana en Williamsburg y Prospect Park, en Brooklyn.

Mercado de Brooklyn Flea, en Dumbo

⑦ Marc Jacobs
PLANO N4 ▪ 127 Prince St

El joven local Marc Jacobs es el rey de la moda de Nueva York y los interesados en ella acuden en masa en busca de los últimos bolsos, zapatos y vestidos obligatorios. También hay relojes, carteras y gafas de sol diseñados con mucho estilo y ropa de caballero.

⑧ Diseñadores de Madison Avenue
PLANO F4-H4 ▪ Giorgio Armani: 760 Madison Ave ▪ Ralph Lauren: 867 Madison Ave

El epicentro de las mejores *boutiques* se situaba antes en la calle 57, entre Madison y la Quinta Avenida, donde todavía se ubican marcas como Burberry. Pero mientras que Levi's o Nike se han implantado en esta zona, los diseñadores de prestigio, desde Armani a Lauren, se han trasladado a Madison Avenue.

⑨ *Boutiques* del SoHo
PLANO N3–N4 ▪ Anna Sui: 484 Broome St ▪ A.P.C.: 131 Mercer St ▪ Miu Miu: 100 Prince St ▪ Prada: 575 Broadway ▪ Portico: 139 Spring St ▪ Kirna Zabête: 477 Broome St

En el SoHo se ubican tiendas de moda como Anna Sui, A.P.C., Miu Miu y Prada. Se distribuyen entre las calles Thompson y Broadway, y entre Prince y Greene, aunque cualquier manzana de esta zona tiene alguna tienda especial. También es una zona privilegiada para encontrar tiendas de muebles como Portico y Armani Casa.

Boutique **Miu Miu del SoHo**

⑩ Union Square y Sexta Avenida
PLANO L3 ▪ Whole Foods Market: 4 Union Square South

Union Square es una plaza rodeada de tiendas donde abastecerse, incluido un supermercado. Cerca de la calle 18 se encuentra la Sexta Avenida, núcleo del *shopping*, llena de edificios históricos ahora convertidos en tiendas de ropa y de hogar.

TOP 10 Nueva York gratis

El Ferry de Staten Island en el puerto de Nueva York

1 Ferry de Staten Island
PLANO R4

Este trayecto en ferri entre el Lower Manhattan y Staten Island *(ver p. 159)* es una de las gangas de la ciudad. Sin pagar un centavo se puede disfrutar de las vistas excepcionales del puerto de Nueva York, la Estatua de la Libertad y el deslumbrante *skyline* de Manhattan. El recorrido es gratis tanto a la ida como a la vuelta.

2 Conciertos al aire libre de la Orquesta Filarmónica de Nueva York
jul–ago ■ www.nyphil.org

Se puede disfrutar de una noche musical al aire libre en cualquiera de los parques neoyorquinos que forman parte del programa anual de conciertos de la Orquesta Filarmónica de Nueva York.

Concierto estival de la Filarmónica

3 Grabación de programas de televisión
The Late Show with Stephen Colbert: www.cbs.com/shows/the-late-show-with-stephen-colbert ■ *Rachael Ray*: www.rachaelrayshow.com

Nueva York es la meca de los programas televisivos, desde *The Late Show with Stephen Colbert* a *Rachael Ray*. Se puede asistir gratis a la grabación de estos programas en calidad de público. Las entradas se solicitan a través de internet.

4 Piraguas en Downtown Boathouse
PLANO P2 ■ Pier 26, Hudson River Greenway con North Moore ■ Horario: med may–med oct: 9.00-16.30 sáb, do, y festivos; med jun–med sep: 17.00-19.00 ma-ju, 9.00-16.30 sá, do y festivos ■ www.downtownboathouse.org

El río Hudson tiene las condiciones idóneas para practicar piragüismo. La ONG Downtown Boathouse da acceso libre y gratuito a los kayaks que tiene repartidos por todo el curso fluvial y Governors Island.

5 Galerías de arte en Chelsea
PLANO L2 ■ entre 10th y 11th Aves, desde West 18th a West 28th Sts

Se puede explorar el barrio de Chelsea los jueves por la noche para asistir a las *premieres* de libre acceso de sus galerías de arte. Además, el *catering* es gratis.

6 Open House New York
Se organiza un fin de semana del mes de octubre ■ www.ohny.org

Cada mes de octubre permite el acceso del público a las estructuras arquitectónicas más impresionantes: desde iglesias a edificios oficiales. También organiza visitas guiadas, charlas y todo tipo de encuentros.

7 Brooklyn Brewery
79 North 11th St, Williamsburg, Brooklyn ■ Visitas gratuitas cada 30 min 13.00- 18.00 sá y do

Esta fábrica de cerveza de Brooklyn, en el barrio de Williamsburg, organiza visitas guiadas todos los sábados y domingos. Durante el recorrido, los visitantes pueden catar las excelentes cervezas de la marca Brooklyn.

Brooklyn Brewery

8 New York Public Library
PLANO K3

Esta majestuosa biblioteca dispone de una programación cultural muy variada, entre la que destacan las conferencias, las lecturas públicas y los cursos formativos *(ver p. 128)*.

9 Free Fridays
En muchos museos la entrada es gratis los viernes: Asia Society (18.00-21.00, asiasociety.org), el Museum of Modern Art (16.00-20.00, moma.org), el Museum of the Moving Image (16.00-20.00, moving-image.us), el Morgan Library & Museum (19.00-21.00, themorgan.org), la New York Historical Society (18.00-20.00, nyhistory.org) y el Whitney (19.00-22.00, whitney.org).

10 Monólogos de humor
PLANO L2 ■ 307 West 26th St ■ Entrada libre ocasionalmente ■ www.newyork.ucbtheatre.com

Nueva York tiene una gran tradición humorística, de Jack Benny y Woody Allen hasta Jerry Seinfeld o Amy Schumer. Abundan las actuaciones en forma de monólogos improvisados de humor, muchos de ellos gratis algunos días, como los del grupo Upright Citizens Brigade.

TOP 10: FORMAS DE AHORRAR

Mercado de Union Square

1 Mercado de agricultores
Este mercado de Union Square *(ver p. 115)* tiene muy buenos precios.

2 New York Pizza
Pizzerías de toda la ciudad ofrecen una porción de este alimento básico de Nueva York por solo un dólar.

3 TKTS Entradas para el teatro
PLANO J3 ■ 47th St con Broadway ■ www.tdf.org
Descuento si se compran el mismo día.

4 Cambiar dinero
Comisiones menores en los cajeros ATM que en las casas de cambio.

5 Ahorro en el transporte
www.mta.info
La MetroCard de 7 días permite viajes ilimitados en metro y autobús por solo 33 $. Todas las MetroCards ofrecen transbordos gratis entre metros y autobuses y entre autobuses.

6 Semana del restaurante
www.nycgo.com/restaurant-week
En enero y junio, almuerzos de dos platos por 26 $ y cenas de tres platos por 42 $.

7 Entradas con descuento
CityPass: www.citypass.com ■ New York Pass: www.newyorkpass.com
Tarjeta CityPass (132 $, 9 días): incluye 6 visitas *top*; New York Pass (134 $, 1 día): más de 90 visitas distintas.

8 Rebajas
Abrigos rebajados en noviembre y febrero, y bañadores a partir del 4 de julio. El resto, en Navidad.

9 Happy Hour
Con la bebida, gratis algo de picar.

10 Grandes almacenes económicos
Century 21 *(ver p. 70)* y otras 200 tiendas en el *outlet* Woodbury Common (www.woodburybybus.com; billetes de bus a partir de 42 $).

🔟 Festivales y ferias

Fuegos artificiales del 4 de Julio

1 Desfile del día de San Patricio

PLANO H3 ▪ 5th Ave ▪ 17 de marzo a las 11.00 ▪ Consultar el recorrido

La gente se viste de verde para celebrar este día. Bandas de música, políticos y grupos de civiles desfilan a lo largo de la Quinta Avenida para proclamar su amor a Irlanda.

2 Easter Parade

PLANO H3–J3 ▪ 5th Ave ▪ Domingo de Pascua a las 11.00

Por una Quinta Avenida cerrada al tráfico a la altura de Midtown salen a pasear las familias neoyorquinas con sus mejores galas. Muchas señoras se animan a ponerse originales sombreros.

3 9th Avenue Food Festival

PLANO H2–K2 ▪ 9th Ave, 37th con 57th Sts ▪ Mediados de mayo

La mayor feria popular de alimentación de la ciudad, que se celebra desde 1974. Tenderetes de todo el mundo y una multitud colapsan las calles durante este festival, en el que se mezclan los *burritos* con las *samosas*.

4 Fuegos artificiales del 4 de Julio

PLANO R3 ▪ East River o Hudson River ▪ 4 de julio a las 21.30

Una riada de personas acude a contemplar este espectáculo pirotécnico a orillas de los ríos Hudson o East, en el que Macy's se gasta más de 6 millones de dólares cada año.

5 West Indian Day Carnival

PLANO R6 ▪ Eastern Parkway, Brooklyn ▪ Metro C a Franklin Ave ▪ Día del trabajo (primer lu de sep)

La población de origen caribeño que vive en Brooklyn desfila con carrozas, trajes de plumas multicolores y música del Caribe. En los puestos callejeros se venden especialidades caribeñas.

6 Fiesta de San Gennaro

PLANO P4 ▪ Mulberry St ▪ 3ª semana de sep durante 10 días

El santo patrón de Nápoles es sacado en procesión por Little Italy. Mulberry Street se anima con la música y los puestos donde se vende comida tradicional. Los sándwiches de salchicha y pimiento son típicos, pero hay delicias para todos los gustos.

7 New York City Marathon

PLANO H5 ■ Un buen lugar para presenciarlo es la 1st Ave con 59th St ■ primer do de nov a las 10.45

Los 50.000 participantes empiezan en Staten Island, pasan por los cinco distritos y terminan en Central Park. Los neoyorquinos animan y ofrecen agua a los maratonianos.

8 Macy's Thanksgiving Day Parade

PLANO G2 ■ Central Park West con 77th St por Broadway hasta 34th St ■ Día de Acción de Gracias a las 9.00 (cuarto jueves de noviembre)

Los neoyorquinos toman las calles y todo el país ve por televisión este desfile con globos enormes, personajes de dibujos animados, bandas de música, *celebrities* y *majorettes* que marca el inicio de la Navidad.

Macy's Parade

9 Ceremonia de encendido del árbol de Navidad

PLANO J3 ■ Rockefeller Center ■ Primera semana de dic

El árbol de Navidad más alto de América se planta junto a la pista de patinaje del Rockefeller Center. Un espíritu navideño al que contribuyen las estatuas de ángeles de los Channel Gardens y los escaparates de las tiendas de la Quinta Avenida.

10 Descenso de la bola en Año Nuevo

PLANO K3 ■ Times Square ■ Medianoche del 31 de dic

La multitud se reúne para aclamar el descenso de la bola de cristal Waterford que marca el inicio del nuevo año. También hay una carrera nocturna, un desfile de disfraces y fuegos artificiales en Central Park.

TOP 10: DEPORTES Y EQUIPOS NEOYORQUINOS

Atletas en los Millrose Games

1 Millrose Games ■ feb
Los corredores más rápidos compiten en esta cita en pista cubierta.

2 New York Red Bulls y New York City FC
mar-oct ■ New York Red Bulls: www.newyorkredbulls.com ■ NYCFCC: www.nycfc.com
Nueva York tiene dos equipos que compiten en la liga de fútbol (MLS, Major League Soccer).

3 Wood Memorial Stakes
med abr ■ www.nyra.com
Competición disputada por los contendientes del derby de Kentucky.

4 New York Yankees y Mets Baseball
abr-sep ■ www.mlb.com
Estos eternos rivales dominan la temporada estival de béisbol de la ciudad.

5 New York Liberty
may-sep ■ www.liberty.wnba.com
Baloncesto profesional femenino.

6 Belmont Stakes
2° sá de jun ■ www.belmontstakes.com
La última de las carreras de caballos anuales de la Triple Corona.

7 US Open Tennis Championships
ago-sep ■ www.usopen.org
Último torneo del año del Grand Slam.

8 New York Jets y NY Giants
sep-dic ■ New York Jets: www.newyorkjets.com • NY Giants: www.giants.com
Los dos equipos de fútbol americano de Nueva York juegan en East Rutherford, New Jersey.

9 New York Rangers y NY Islanders
sep-abr ■ www.nhl.com
Nueva York tiene dos equipos de hockey de la NHL.

10 New York Knicks y Brooklyn Nets
oct-abr ■ www.nba.com
Dos equipos de la ciudad rivalizan en la NBA (National Basketball Association).

Recorridos
por Nueva York

Vista aérea de Central Park

🔟 Lower Manhattan

Aquí se mezclan la nueva y la vieja Nueva York. Nacida bajo dominio holandés, la ciudad se convirtió en la primera capital de la nación tras la Guerra de Independencia (1775-1783). En el cruce de Broad Street con Wall Street se hallan el Federal Hall National Memorial, donde George Washington juró el cargo de presidente, y la Bolsa, fundada en 1817 tiene influencia mundial. En el siglo XX, los rascacielos añadieron espectacularidad a la urbe. La recuperación de la zona tras la destrucción de las Torres Gemelas en 2001 ha sido sorprendente. El National September 11 Memorial and Museum permite revivir los acontecimientos del 11S. El One World Trade Center, de 104 plantas, abrió en 2014.

September 11
Museum

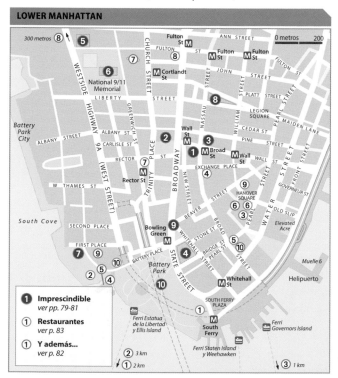

LOWER MANHATTAN

1 Imprescindible
ver pp. 79-81

① Restaurantes
ver p. 83

① Y además...
ver p. 82

1 Bolsa de Nueva York

PLANO R4 ■ 20 Broad St con Wall St ■ Cerrado al público ■ www.nyse.com

El edificio actual, de fachada neoclásica, se inauguró en 1903. Es el corazón financiero de Estados Unidos (ver p. 55). La Bolsa pasó del negocio local al global. En los días de mayor ajetreo circulan miles de millones de acciones de más de 2.800 compañías, aunque hoy el ambiente es más tranquilo debido a la informatización. En los días más activos se llegan a intercambiar entre cinco y siete mil millones de acciones en el mercado.

Antiguo teletipo de la Bolsa

2 Trinity Church

PLANO Q4 ■ 75 Broadway con Wall St ■ Horario iglesia y cementerio: 7.00-18.00 todos los días; visitas 14.00 todos los días; servicio religioso a partir de 11.15

Esta iglesia neogótica de obediencia anglicana es la tercera erigida en este lugar y de las más antiguas (1697) de todo Estados Unidos.

Desde su finalización en 1846, se han llevado a cabo varias remodelaciones y añadidos, como la sacristía, la capilla y el ala de Manhattan. Sus puertas de bronce fueron donadas en memoria de John Jacob Astor III. Esta iglesia es conocida por sus programas musicales, con conciertos los lunes y jueves a las 13.00 h y algunos domingos. En el cementerio se encuentra el monumento en homenaje a Alexander Hamilton.

3 Federal Hall National Memorial

PLANO R4 ■ 26 Wall St at Nassau St ■ Horario: 9.00-17.00 lu-vi ■ www.nps.gov/feha

Aunque la estatua de bronce de George Washington marca el lugar donde juró el cargo de presidente en 1789, el edificio original fue reemplazado por esta elegante construcción neoclásica (1842). Fue aduana y sucursal del Banco de la Reserva Federal antes de convertirse en museo en 1955, con exposiciones dedicadas a la Constitución y a la Declaración de Derechos. Hay visitas guiadas varias veces al día.

4 US Custom House

PLANO R4 ■ 1 Bowling Green, entre State y Whitehall Sts ■ Horario del museo 10.00-17.00 vi-mi, 10.00-20.00 ju

Las galerías que rodean la gran rotonda de este edificio neoclásico se instalaron durante la renovación llevada a cabo en 1994. En la actualidad, alberga el George Gustav Haye Center del Smithsonian's National Museum, institución que organiza exposiciones temporales sobre la vida y costumbres de los nativos americanos. Concluido en 1907 y en uso hasta 1973, el edificio Beaux Arts es, por sí mismo, una atracción; la fachada está adornada con estatuas de Daniel Chester French.

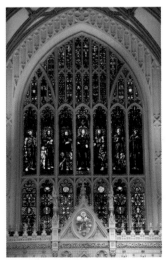

Vidriera de la Trinity Church

One World Trade Centre

⑤ One World Trade Center

PLANO Q3 ■ 285 Fulton St
(entrada por West St, en Vesey St) ■
On World Observatory: horario: 9.00-
21.00 todos los días (desde 8.00 may-
ago); se cobra entrada;
oneworldobservatory. com

El rascacielos más alto de EE UU
(si se incluye la aguja) mide 541 m
y se concluyó en 2012. Esta
resplandeciente cima de vidrio y
acero tiene cinco ascensores de alta
velocidad llamados Sky Pods que le
subirán en solo 60 segundos hasta
los miradores de las plantas 100, 101
y 102, desde donde las vistas del
puerto, Staten Island y las azoteas de
Manhattan son sensacionales.

⑥ National September 11 Memorial and Museum

PLANO Q3 ■ 180 Greenwich St
■ Horario del museo 9.00-20.00
todos los días (hasta 21.00 vi y sá)
■ El museo cobra entrada
■ www.911memorial.org

Inaugurado el 11 de septiembre
del año 2011, en el décimo aniversario
de los ataques terroristas, en este
monumento están escritos los nombres de las personas que murieron
allí. Están plasmados sobre unos paneles de bronce colocados alrededor
de dos estanques donde antes se er-
guían las Torres Gemelas. El museo
exhibe objetos y fotografías que rinden
homenaje a las víctimas. Para entrar
al museo previamente reserve para
una hora fija en su página web. La entrada al memorial es libre y gratuita.

⑦ Museum of Jewish Heritage

PLANO R3 ■ 36 Battery Pl, Battery Park
City ■ Horario: 10.00-17.45 do-ju (hasta
20.00 mi), 10.00-15.00 vi y tardes de
festivos judíos (med mar-oct: hasta
17.00) ■ Se cobra entrada, gratis mi
por la tarde ■ www.mjhnyc.org

Esta crónica de la vida de los judíos
en el siglo XX, antes, durante y
después del Holocausto, es toda una
experiencia. Cuenta con más de
2.000 fotografías, cientos de objetos
y documentales originales.

⑧ Federal Reserve Bank

PLANO Q4 ■ 33 Liberty St,
entre William y Nassau Sts ■ Visitas
guiadas: 13.00 y 14.00 lu-vi (excepto
festivos) ■ www.newyorkfed.org

Aunque el oro ya no se transfiere en
los pagos entre naciones, gran parte
del oro del mundo está almacenado
en el sótano de este edificio. Los
billetes emitidos aquí llevan la letra
B en sello de la Reserva Federal.

Uno de los estanques del National September 11 Memorial and Museum

LA JOVEN SIN MIEDO Y EL TORO

En 2017, la *Fearless Girl* desafió al famoso *Charging Bull* de Wall Street **(derecha)**. Diseñado por Kristen Visbal, esta escultura de bronce de una joven desafiando a la bestia se convirtió en un icono feminista. En 2019 fue trasladado a una ubicación más accesible, delante de la Bolsa de Nueva York.

⑨ *Charging Bull*

PLANO R4 ■ **Broadway con Bowling Green Park** ■ **www.chargingbull.com**

El escultor Arturo di Modica descargó en secreto esta estatua de bronce frente al New York Stock Exchange una noche de diciembre de 1989. Fue retirada más tarde y le dieron un lugar permanente en Broadway.

Castle Clinton en Battery Park

⑩ Battery Park

PLANO R3-4 ■ **Broadway con Battery Pl** ■ **Abierto todos los días**

Este parque, construido sobre terrenos ganados al río, es famoso por Castle Clinton, una fortaleza de 1811, y por ser el punto desde donde parten los ferris a la Estatua de la Libertad y la isla de Ellis. También cuenta con muchos monumentos y estatuas de interés.

UN DÍA DE EXCURSIÓN POR LOWER MANHATTAN

▶ MAÑANA

Comience en **Battery Park** para ver el río y **Castle Clinton** *(ver p. 20)*, que cuenta con dioramas históricos de Nueva York. La visita sigue en el **Museum of the American Indian** en la **US Custom House** *(ver p.79)*. Se cruza hacia Bowling Green, se baja por Whitehall hasta Pearl Street y se gira a la izquierda para llegar al **Fraunces Tavern Museum** *(ver p. 82)* reconstrucción del edificio donde George Washington se despidió de sus tropas en 1783.

Luego continúe por Broad Street hacia Wall Street y la **Bolsa de Nueva York (York Stock Exchange)** *(ver p.79)*. Muy cerca está el **Federal Hall National Memorial** *(ver p. 79)*, donde el primer presidente del país prestó juramento. El filete es la especialidad del distrito financiero, así que se puede almorzar en **Bobby Van's Steakhouse** *(ver p. 83)*, en el nº 25 de Broad Street.

TARDE

Continuando por Nassau Street llegará a **One Chase Manhattan Plaza** *(28 Liberty St)* y su famosa escultura. En un extremo de la plaza se encuentra el **Federal Reserve Bank** y la Louise Nevelson Square, con la serie de esculturas abstractas *Shadows and Flags* de esta artista.

Regresando por Liberty Street, visite el **9/11 Memorial** y, si es posible, el museo. Puede finalizar el recorrido del día con una cena en el elogiado restaurante japonés **Nobu Downtown** *(ver p. 83)*.

Ver plano p. 78 ←

Y además...

1 Estatua de la Libertad

Con una altura de 93 m, la Estatua de la Libertad *(ver pags. 20-21)* domina el puerto de Nueva York y es un símbolo perdurable de libertad en todo el mundo.

2 Ellis Island
PLANO R3 ■ Battery Park

La histórica Ellis Island *(ver p. 20-21)* es ahora un destacable museo que rinde homenaje a la experiencia de inmigración de América.

3 Governors Island

Una mezcla de apacibles espacios verdes y edificios históricos; este parque urbano ofrece un agradecido descanso de la bulliciosa vida de la ciudad.

4 The Oculus
PLANO Q3 ■ 185 Greenwich St ■
Horario 10.00-21.00 lu-sá 11.00-19.00 do

Esta sorprendente escultura de Santiago Calatrava alberga una estación de metro y un centro comercial Westfield.

5 Pier A Harbor House
PLANO R3 ■ 22 Battery Pl

Este vistoso muelle del siglo XIX, situado al borde de Battery Park, puede servir en última instancia como terminal para Liberty Island.

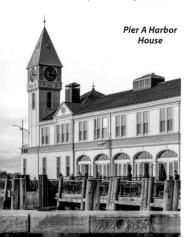

Pier A Harbor House

6 Stone Street
PLANO Q4

Embutida entre Hanover Square y Coenties Alley está Stone Street, estrecha y adoquinada, con casas de estilo griego. Esta zona es un lugar magnífico para comer y beber, sobre todo en verano, cuando se convierte en un inmenso jardín al aire libre de cerveza en mesas de pícnic que abarrotan la calle.

Visitantes en el 9/11 Tribute Museum

7 9/11 Tribute Museum
PLANO R3 ■ 92 Greenwich St.
■911tributemuseum.org.

Museo inagurado en 2006 conmemora el ataque del 11S a través de las experiencias personales de los afectados en estos trágicos sucesos.

8 Irish Hunger Memorial
PLANO Q3 ■ 290 Vesey St, en
North End Ave ■ Horario: 8.00-18:30
todos los días

Monumento dedicado a la población irlandesa que murió de hambre durante la hambruna de 1845 a 1852.

9 Skyscraper Museum
PLANO R3 ■ 39 Battery Pl. ■
www.skyscraper.org

Este museo conmemora el patrimonio arquitectónico de Nueva York.

10 Fraunces Tavern Museum
PLANO R4 ■ 54 Pearl St ■ Horario:
12.00-17.00 lu-vi, 11.00-17.00 sá y do

El lugar en el que George Washington se despidió de sus oficiales en 1783. En las salas decoradas con muebles de época se muestran los inicios de la historia americana.

Restaurantes

1 The View at The Battery
PLANO R4 ■ Battery Park, frente a 17 State St ■ 212 269 2323 ■ $$$

Tiene una carta con platos de la nueva cocina americana con toques asiáticos, pero lo mejor son sus impresionantes vistas del puerto.

2 Gigino at Wagner Park
PLANO R3 ■ 20 Battery Pl, junto a The Jewish Heritage Museum ■ 212 528 2228 ■ $$

Excelentes productos italianos traídos de la costa Amalfitana. Maravillosas vistas desde su sofisticado comedor y la terraza.

3 Adrienne's Pizzabar
PLANO R4 ■ 54 Stone St en William St ■ 212 248 3838 ■ $$

Disfrute de exquisitas pizzas con una base de salsa y añada los ingredientes que más le gusten.

4 Bobby Van's Steakhouse
PLANO R4 ■ 25 Broad St en Exchange Pl ■ 212 344 8463 ■ $$$

Su reclamo son los excelentes filetes que sirve, las vistas de la Bolsa y su ubicación en un edificio *beaux arts* de 1898. Forma parte de una cadena de restaurantes de lujo.

Bobby Van's Steakhouse

5 Fraunces Tavern
PLANO R4 ■ 54 Pearl St ■ 212 968 1776 ■ $$

Esta histórica taberna del siglo XVIII es un encantador restaurante panelado en roble que sirve productos tradicionales americanos así como cervezas especiales.

Fraunces Tavern

6 Harry's
PLANO R4 ■ 1 Hanover Square entre Pearl y Stone Sts ■ 212 785 9200 ■ $$$

La histórica India House acoge un café-*steakhouse* al que acuden en masa los empleados de Wall Street.

7 George's
PLANO R3 ■ 89 Greenwich St con Rector St ■ 212 269 8026 ■ $$

Para degustar una buena cena a la americana hay que dirigirse al centro y entrar en un local como George's.

8 Nobu Downtown
PLANO Q4 ■ 195 Broadway, entre Dey & Futon Sts ■ 212 219 0500 ■ $$$

El emblemático restaurante Nobu Matsuhisa se trasladó a este lujoso espacio en 2017. No se pierda su célebre bacalao negro con miso.

9 Joseph's
PLANO R4 ■ 3 Hanover Square ■ 212 747 1300 ■ $$

Si se desea comida italiana en la zona de Wall Street, una buena opción es Joseph´s. La carta incluye *fettucine Alfredo* y calamares fritos.

10 2West
PLANO R3 ■ 2 West St en Battery Park ■ 917 790 2525 ■ $$$

Este asador de influencia francesa situado en el hotel Wagner at the Battery ofrece vistas sobre el Hudson y Battery Park.

Ver plano p. 78 ←

TOP10 Civic Center y Seaport District NYC

Parte de la arquitectura más destacada de la ciudad de Nueva York puede verse en el Civic Center, cuartel general del gobierno municipal, incluido el departamento de policía o los tribunales federales. Los impresionantes edificios de esta zona abarcan varias épocas, desde la St. Paul's Chapel del siglo XVIII hasta el Woolworth Building de principios del siglo XX. Muy cerca se encuentra el puente de Brooklyn, así como el antiguo centro marítimo de la ciudad, el Seaport District NYC. Los muelles y edificios de esta zona han sido cuidadosamente remodelados y conforman un animado núcleo de cafés, restaurantes y museos.

Woolworth Building

CIVIC CENTER Y SEAPORT DISTRICT NYC

1 Imprescindible
ver pp. 85-87

1 Restaurantes
ver p. 89

1 Lugares marítimos
de interés ver p. 88

Pasear por el puente de Brooklyn es muy agradable

1 Seaport District NYC

PLANO Q4 ■ Horario del museo ene-mar: 11.00-17.00 vi-do; abr-dic: 11.00-17.00 mi-do
■ www.seaportdistrict.nyc

Las calles adoquinadas, los edificios y los muelles, que fueron el centro de la actividad marítima de Nueva York durante el siglo XIX, han sido restaurados y se han convertido en un vital núcleo turístico. Está lleno de tiendas, restaurantes, bares, un museo marítimo, barcos para visitar y actividades al aire libre.

Seaport District NYC

2 Puente de Brooklyn

PLANO Q4 ■ Manhattan, Park Row cerca del Municipal Building

Este puente une Manhattan con Brooklyn. Al completarse en 1883 era el mayor puente colgante del mundo y el primero en ser sostenido por cables de acero. Se necesitaron 600 trabajadores y 16 años para su construcción, que costó 20 vidas, entre ellas la del ingeniero que lo diseñó, John A. Roebling. Los que recorren a pie sus 1.800 m pueden ver unas fabulosas vistas de los rascacielos. Es uno de los símbolos de Nueva York.

3 Woolworth Building

PLANO Q4 ■ Broadway, entre Park Pl y Barclay St ■ abierto a visitas guiadas ■ www.woolworthtours.com

Construido en 1913, posee uno de los mejores interiores de Nueva York: paredes de mármol, filigranas de bronce y un techo de mosaico que consiguen un efecto mágico. Cass Gilbert, su arquitecto, incluyó unas esculturas que caricaturizaban a Woolworth contando monedas y se autorretrató con una maqueta del edificio. Sirvió de ejemplo para los rascacielos levantados en los años veinte y treinta (ver p. 52).

EL TRIBUNAL DE BOSS TWEED

El primer Tribunal del Condado de Nueva York (52 Chambers Street), finalizado en 1881, fue construido por William "Boss" Tweed **(derecha)**, un político corrupto que se apropió de gran parte del dinero destinado a este edificio de mármol. Su interior ha sido restaurado y en la actualidad es la sede del Departamento de Educación.

4 Antiguo AT&T Building
PLANO Q4 ■ 195 Broadway ■ Horario de oficina

Terminado en 1922, es un monumento al exceso, pero resulta interesante. En su día se decía que su fachada tenía más columnas que ningún otro edificio del mundo, pues su enorme *hall* es un bosque de pilares de mármol. Cerca del 120 de Broadway se encuentra el antiguo Equitable Building, de 1915, la mole que dio lugar a las primeras normativas estadounidenses para rascacielos.

5 St. Paul's Chapel
PLANO Q4 ■ 209 Broadway, entre Fulton y Vesey Sts ■ Horario: 10.00-18.00 todos los días ■ Servicio episcopal: 8.00 y 9.15 do ■ www.trinitywallstreet.org

La iglesia más antigua de Manhattan (1766) fue construida como capilla de la parte alta de la ciudad y cobró importancia mientras se reconstruía Trinity Church tras el gran incendio de 1776. Su diseño está inspirado en el de la iglesia londinense de St. Martin-in-the-Fields. Tiene una exposición interactiva sobre el 11S *(ver p. 54)* en la Capilla de la Remembranza.

6 City Hall
PLANO Q4 ■ Broadway y Park Row ■ Horario: 12.00 mi y 10.00 ju solo para grupos con cita previa ■ 212 788 2656 ■ www.nyc.gov

Sede del ayuntamiento desde 1812, está considerado como uno de los más bellos edificios de Estados Unidos de principios del siglo XIX. Debe su diseño a los arquitectos Mangin y McComb Jr., que ganaron el concurso convocado en 1802. Está coronado por una estatua de la Justicia. La fachada trasera no se revistió de mármol hasta 1954, ya que los arquitectos creyeron que la ciudad nunca se desarrollaría hacia el norte *(ver p. 54)*.

7 Municipal Building
PLANO Q4 ■ 1 Center St con Chambers St

Este edificio (1914), que domina el Civic Center asomado a Chambers Street, fue el primer rascacielos del destacado estudio de arquitectura McKim, Mead & White. Con sus 25 plantas, está compuesto por una combinación de torres y agujas que remata la estatua *Civic Fame,* de Adolph Wienman. El complejo arco de terracota situado sobre la calle está inspirado en el de la entrada del palacio Farnesio de Roma. La boca del metro, en el extremo sur, está decorada con azulejos de Guastavino.

Municipal Building

8 New York County Courthouse
PLANO P4 ■ 60 Center St ■ Horario: 9.00-17.00 lu-vi

Merece la pena subir por la amplia escalinata del Tribunal del Condado de Nueva York de 1926 (situado junto al U.S. Courthouse de 1933) y entrar en el edificio para admirar el atrio con columnas de mármol y los adornos de cristal de Tiffany. Hay que fijarse también en los murales que retratan a la Ley y la Justicia. El edificio, de planta hexagonal, cuenta con una sala de justicia en cada una de sus seis alas.

Surrogate's Court/Hall of Records

⑨ Surrogate's Court /Hall of Records

PLANO Q4 ■ 31 Chambers St ■ Horario del vestíbulo: 9.00-17.00 lu-vi

Su interior está inspirado en la ópera de París. Este edificio de 1907 tiene una magnífica sala central con escalinatas de mármol y mosaicos. En la fachada hay estatuas simbólicas de la Justicia, las estaciones y las etapas de la vida.

⑩ African Burial Ground

PLANO P4 ■ Duane St y Elk St. Centro de visitantes: 290 Broadway ■ Horario: 10.00-16.00 ma-sá; monumento cerrado de nov a mar ■ www.nps.gov/afbg

En 1991, los obreros descubrieron los restos de 419 esqueletos en este lugar que una vez perteneció al mayor cementerio africano del siglo XVIII. Después de ser examinados los restos se volvieron a enterrar aquí en 2003 y se señalaron con un elegante monumento de granito negro.

Exhibición en el African Burial Ground

▶ UN PASEO POR CIVIC CENTER Y SEAPORT DISTRICT NYC

▶ MAÑANA

La mayoría de las líneas de metro llevan al City Hall (Ayuntamiento). Al salir a la calle, baje por Broadway para ver el vestíbulo del **Woolworth Building** *(ver p. 85)*, y el antiguo **AT&T Building**, así como el hermoso interior georgiano de **St. Paul's Chapel**.

Regrese por Park Row, antaño conocida como Newspaper Row porque aquí se encontraban las oficinas de algunos periódicos. En **Printing House Square** hay una estatua de Benjamin Franklin sosteniendo una copia de su *Pennsylvania Gazette*. Al oeste de Park Row se encuentra el pequeño pero encantador **City Hall Park**, donde en julio de 1776 se leyó a las tropas de George Washington la Declaración de Independencia. El parque cuenta con una rueda del tiempo que narra la historia de la ciudad.

Un paseo por Center Street y Chambers Streets lleva hasta el **Municipal Building.**

TARDE

A mediodía, diríjase hacia el este para almorzar hamburguesas y cerveza en **Jeremy's Ale House**. Desde aquí, el East River está al otro lado de la calle y ofrece excelentes vistas de Brooklyn.

Por la tarde, pasee por **Seaport District NYC** *(ver p. 85)* visitando el **South Street Seaport Museum** *(ver p. 88)*. También puede hacer una excursión en barco. Diríjase al **Fish Market** para cenar donde disfrutará de comida china y malaya *(ver p. 89)* o pruebe los platos italianos de **Il Brigante** *(ver p. 89)*.

Ver plano p. 84 ←

Lugares marítimos de interés

Ambrose, South Street Seaport Museum

1 South Street Seaport Museum

PLANO Q4 ■ 12 Fulton St ■ Horario: ene-mar: 11.00-17.00 vi-do; abr-dic: 11.00-17.00 mi-do ■ se cobra entrada ■ www.southstreetseaportmuseum.org

Alojado en un conjunto único de casas de estilo federal, este museo muestra una soberbia colección de arte marítimo. No se pierda los buques históricos del cercano muelle 16.

2 Schermerhorn Row

PLANO Q4 ■ Fulton St, entre Front y South Sts

Casas de estilo federal construidas en 1812 por Peter Schermerhorn que albergan ahora el Seaport Museum, además de tiendas y restaurantes.

3 Wavertree

PLANO Q4 ■ Muelle 16, Seaport District NYC ■ Horario: abr-dic: 11.00-17.00 mi-do ■ Se cobra entrada

Elegante velero de tres mástiles construido en Southampton (Reino Unido) en 1885 y que sirvió como carguero hasta 1910.

4 Bowne & Co.

PLANO Q4 ■ 211 Water St ■ Horario: 11.00-19.00 todos los días

Recreación evocadora de una imprenta del siglo XIX con prensas todavía útiles.

5 Ambrose

PLANO Q4
■ Muelle 16 Seaport District NYC ■ Horario: abr-dic 11.00-17.00 mi-do ■ Se cobra entrada

Parte del South Street Seaport Museum, este buque faro (1907) siguió de servicio hasta 1964.

6 Pilot House

PLANO Q4 ■ 89 South St (Pier 16) ■ Cerrado al público

En el centro del muelle 16, una casa piloto restaurada que antes fue parte del *New York Central No. 31*, un barco de vapor construido en 1923 por el New York Central Railroad.

7 Muelle 17

PLANO Q5 ■ Seaport District NYC

Muelle lleno de tiendas, restaurantes y una cervecería al aire libre en la azotea con magníficas vistas al East River y al puente de Brooklyn.

8 Excursiones en barco

PLANO Q4 ■ Muelle 16, Seaport District NYC ■ Horario: may-sep: mi-do ■ Se cobra entrada

La goleta *Pioneer* (1885) realiza rutas náuticas de 90 min y cruceros de 2 h por las tardes y noches.

9 Titanic Memorial

PLANO Q4 ■ Fulton St con Water St

Este faro fue construido en 1912 en memoria del trágico hundimiento del Titanic.

10 Fulton Market Building

PLANO Q4 ■ 11 Fulton St

Antigua sede del Fulton Fish Market, aloja hoy varias tiendas de lujo y una de las elegantes salas de cine de la cadena iPic Theaters.

Titanic Memorial

Restaurantes

1 Nobu Downtown
PLANO Q4 ■ 195 Broadway
■ 212 219 0500 ■ $$$

El emblemático restaurante del elogiado chef japonés Nobu Masuhisa exhibe una asombrosa escultura inspirada en la caligrafía. Entre los platos con firma hay bacalao negro con miso, lubina *umami* y buñuelos *wagyu*.

Mostrador de *sushi* en Nobu Downtown

2 Crown Shy
PLANO Q4 ■ 70 Pine St
■ 212 517 1932 ■ $$$

Platos innovadores con muy diferentes estilos y sabores. Pruebe los buñuelos de gruyere, las almejas con zanahorias y el helado de banana asada.

3 Jeremy's Ale House
PLANO Q4 ■ 228 Front St, en Peck Slip ■ 212 964 3537 ■ $$

Este bar local con sujetadores y corbatas colgando de las vigas sirve pintas de cerveza de barril desde 8 $ y excelentes hamburguesas.

4 Il Brigante
PLANO Q4 ■ 214 Front St
■ 212 285 0222 ■ $$

Acogedora *trattoria* con copiosos platos de pasta, crujientes pizzas hechas en horno de leña y salchichas de ragú regadas con vino tinto.

5 Manhatta
PLANO Q4 ■ 28 Liberty St, 60/F
■ 212 230 5788 ■ $$$

Un restaurante estadounidense moderno de Danny Meyer y el chef Jason Pfeifer. Un menú estacional

---

PRECIOS
Una comida de tres platos con un vaso de vino de la casa (o equivalente), tasas e impuestos incluidos.

$ -25 $ $$ 25–75 $ $$$ +75 $

---

que incluye cualquier cosa, desde bacalao escalfado hasta un corte de carne de venado.

6 Luchadores
PLANO Q4 ■ 87 South St
■ 646 398 7499 ■ $$

En este restaurante popular se sirve cocina mexicana sin pretensiones. Su nombre hace referencia a la lucha libre mexicana con máscara.

7 Fish Market
PLANO Q4 ■ 111 South St
■ 212 227 4468 ■ $$

Situado en un mercado de abastos del siglo XIX, este restaurante sirve alimentos básicos salados con influencia malaya en una sala de madera y ladrillo.

8 Suteishi
PLANO Q5 ■ 24 Peck Slip St
■ 212 766 2344 ■ $$

A la sombra del puente de Brooklyn, justo al norte de Seaport District NYC, este es uno de los lugares favoritos entre los locales por su *sushi* fresco y a buen precio.

9 Fresh Salt
PLANO Q4 ■ 146 Beekman St
■ 212 962 0053 ■ $$

Acogedor bar-cafetería que sirve sopas, sándwiches y ensaladas. Ofrece también un buen *brunch* los fines de semana.

10 The Fulton
PLANO Q5 ■ 89 South St (Pier 17) ■ 212 838 1200 ■ $$$

Esta marisquería de Jean-Georges Vongerichten ofrece vistas sensacionales del puente de Brooklyn y East River. En el *brunch* hay *sashimi*, vieiras frescas, centollo y mucho más.

Ver plano p. 84 ←

TOP 10 Chinatown y Little Italy

Colonizados por inmigrantes en el siglo XIX, estos dos barrios multiculturales se hallan entre los lugares más animados de la ciudad. Little Italy se ha reducido a unas pocas manzanas, pero sus tiendas y restaurantes siguen siendo evocadores. En Chinatown, por el contrario, se amontonan hasta 150.000 chinos. Sus tiendas y mercadillos rebosan de alimentos tentadores, bellas antigüedades y artículos de regalo.

Chinatown

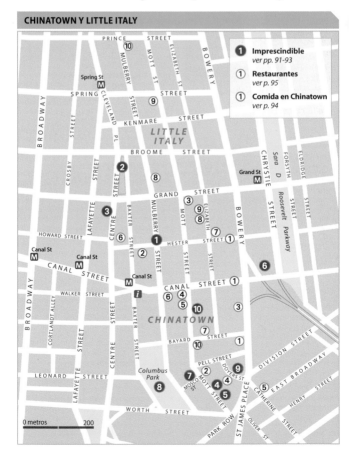

CHINATOWN Y LITTLE ITALY

1 **Imprescindible** ver pp. 91-93

1 **Restaurantes** ver p. 95

1 **Comida en Chinatown** ver p. 94

0 metros 200

Mulberry Street, Little Italy

1 Mulberry Street
PLANO P4 ■ **Mulberry St, entre Broome y Canal Sts**

Hay muchas tiendas de ropa en esta vía entre las calles Houston y Spring. Y aunque Chinatown ha invadido Little Italy, el tramo comprendido entre Canal y Broome se mantiene bajo influencia italiana. Está lleno de restaurantes, cafeterías con tentadores pasteles y tiendas de utensilios para la pasta, estatuillas de santos y camisetas con la leyenda "Kiss Me, I'm Italian". Cada mes de septiembre se celebra en sus calles el Festival de San Gennaro *(ver p. 74)*.

2 Antigua Comisaría Central de Policía
PLANO P4 ■ **240 Centre St** ■ **Cerrado al público**

Después de que en 1898 los cinco municipios se unieran en el Gran Nueva York, el departamento de policía de la ciudad creció rápidamente, lo que dio lugar a la construcción, en 1905, de esta comisaría próxima a Little Italy. Es un edificio monumental y muy barroco, en forma de cuña y con una cúpula ornada que se ve desde el ayuntamiento. En 1973, la policía lo

abandonó y fue transformado en apartamentos de lujo, los Police Building Apartments.

3 Museum of Chinese in America
PLANO P4 ■ **211–215 Centre St** ■ **Horario: 11.00-18.00 ma, mi y vi-do, 11.00-21.00 ju** ■ **Se cobra entrada, primer jueves gratis** ■ **www.mocanyc.org**

Este fascinante museo dedicado a la historia de los chinos emigrados a Occidente tiene una exposición titulada "¿Dónde está mi hogar?", con testimonios, fotografías y poemas de la comunidad. Se estudia el papel de la mujer, la religión y la "sociedad de los solteros". Organiza exposiciones temporales con temas que van desde el arte a la experiencia de la comunidad LGTBIQ+.

Dispone de libros, guías y folletos varios.

4 Wing On Wo & Co.
PLANO P4 ■ **26 Mott St** ■ **www.wingonwoand.co**

Fundada en 1890, es uno de los negocios familiares más antiguos de Chinatown. Originalmente era un comercio genérico, pero ahora es un espacio que vende una amplia variedad de porcelana china y del este asiático.

Antigua Comisaría Central

EL NACIMIENTO DE CHINATOWN

En 1882, la Ley de Exclusión China prohibió que los trabajadores de esta nacionalidad emigraran con sus familias a Nueva York, de manera que el primer barrio chino (**izquierda**), en torno a las calles Pell, Doyers y Mott, era sobre todo masculino y dominado por las *tongs,* mafias que simulaban ser clubes sociales y que dieron al barrio su reputación de ser peligroso.

⑤ Compras en Mott Street
PLANO P4 ■ Mott St

En esta calle hay una gran variedad de tiendas con una magnífica selección de productos del este de Asia. New York Chinatown Souvenir Gift Center (nº 49) vende toda clase de recuerdos chinos, desde sombrillas de papel hasta grabados. Joyas, bolsos y velas son la especialidad de Uniquelee (nº 36), también conocido como Noble Madam, mientras que en New Age Designer (nº 38) venden ropa a medida hecha de seda y con piedras preciosas. En Yunhong Chopsticks (nº 50) hay bellos diseños de palillos chinos.

⑥ Mahayana Buddhist Temple
PLANO P4 ■ 133 Canal St.

Este suntuoso templo budista fue construido en 1997 según un diseño chino clásico. El altar principal alberga un inmenso ídolo de oro de Buda (de 5 m) bañado en luz de neón azul y rodeado de velas. Las 32 lacas que adornan las paredes narran la historia de la vida de Buda.

⑦ Church of the Transfiguration
PLANO P4 ■ 29 Mott St ■ Horario: 8.30-15.30 vi y 13.00-18.00 sá, o solo durante los servicios religiosos

Construido por la iglesia luterana inglesa en 1801 y vendido en 1853 a la iglesia católica romana de la Transfiguración, este templo de piedra de estilo georgiano y ventanas góticas muestra la influencia de las oleadas de inmigrantes que ha recibido Nueva York a lo largo de su historia: primero fue frecuentado por irlandeses, luego por italianos y finalmente por chinos. En la actualidad, esta iglesia es el punto de encuentro de la comunidad católica china. Ofrece clases y servicios para ayudar a los chinos recién llegados a la ciudad. En ella se celebran servicios en cantonés y mandarín.

Church of the Transfiguration

⑧ Columbus Park
PLANO P4 ■ Bayard & Mulberry Sts

El único parque de Chinatown data de la década de 1890-1900 y es el resultado de los esfuerzos del periodista Jacob Riis y de otros reformadores sociales. Ocupa una zona que antiguamente era de las más conflictivas de Nueva York (había apuñalamientos y tiroteos cada semana). Aunque cuenta con más cemento que

Jugando al *xiangqi* en Columbus Park

plantas, es muy popular, se llena de niños que juegan, gente que juega al *xiangqi* (ajedrez chino) y que practica taichí. Los fines de semana hay adivinos.

⑨ Bloody Angle
PLANO P4 ■ Doyers St cerca Pell St

El singular nombre fue acuñado por periodistas de la época para designar esta "esquina sangrienta" de Doyer Street, escenario de tiroteos entre bandas durante los años veinte. Los Hip Sing y los On Leong, ambas bandas criminales, se disputaban el tráfico del opio y los tugurios ilegales de Chinatown. Las *tong wars* (guerras de bandas) continuaron hasta la década de 1940.

⑩ Eastern States Buddhist Temple
PLANO P4 ■ 64B Mott St
■ Horario: 8.00-18.00 todos los días

Merece la pena entrar en este templo con aroma a incienso y ofrendas de frutas, con más de 100 budas de oro que brillan a la luz de las velas. Cerca del templo hay puestos donde se adivina el futuro por un dólar.

Eastern States Buddhist Temple

UN PASEO POR CHINATOWN Y LITTLE ITALY

Spring Street Subway
Caffè Roma
Mulberry Street
Alleva Dairy, Piemonte Ravioli Co.
Museum of Chinese in America
Di Palo Fine Foods
Ferrara's
Jing Fong
Ten Ren's Tea Time
Eastern States Buddhist Temple

▶ **MAÑANA**

Tome la línea 6 de metro hasta Spring Street, cruce Lafayette y baje por **Mulberry Street** *(ver p. 91)* para visitar Little Italy. No se pierda los colmados de Grand Street, como **Alleva Dairy**, cuya especialidad son los quesos *(188 de Mulberry St con Grand Street)* y Piemonte Ravioli *(188 de Mulberry St con Grand Street)*, con amplia variedad de pasta. Pare en **Di Palo Fine Foods** (206 Grand St), donde puede ver cómo se hace la *mozzarella*. Tómese un respiro en un clásico café italiano, como **Caffè Roma** *(385 de Broome St)* o **Ferrara** *(195-201 de Grand St)*.

Tome Grand Street hacia el oeste hasta Centre Street, luego gire a la izquierda para llegar al **Museum of Chinese in America** *(ver p. 91)*. Pruebe *dim sum* enfrente del museo, en **Jing Fong** *(202 Centre)*, después regrese hacia el este, a Mott Street, el centro de Chinatown.

TARDE

Pase un rato agradable en Mott Street visitando las tiendas de alimentos, los mercadillos y las galerías. Si necesita un refrigerio, entre en **Ten Ren's Tea Time** *(73 Mott St)* para probar el *bubble tea*, un té de sabores servido en vaso alto con "perlas" de tapioca en el fondo.

Puede terminar la tarde con una visita a los budas dorados del **Eastern States Buddhist Temple**, en el que suele haber paradas donde leen el futuro.

Ver plano p. 90 ←

Comida en Chinatown

Puesto en el mercado de Chinatown

1 Mercadillos
PLANO P4 ■ Chinatown, incluidas Canal y Hester Sts

En Canal Street y Hester Street se encuentran muchos de los puestos donde se venden verduras chinas, frutas y alimentos secos.

2 Taiyaki NYC
PLANO P4 ■ 119 Baxter St

Esta diminuta tienda se ha hecho acreedora de cierto culto por su helado japonés, servido en conos con forma de pescado: la opción del "unicornio" es particularmente popular.

3 Kamwo Meridian Herbs
PLANO P4 ■ 211 Grand St

Uno de los herbolarios más famosos del barrio chino, con remedios para toda clase dolencias, desde la artritis a la impotencia. El *ginseng* se puede adquirir en forma de té o como suplemento.

4 Fay Da Bakery
PLANO P4 ■ 83 Mott St con Canal St

Torta rellena con carne de cerdo o ternera por menos de un dólar y medio. Y de postre, galletas de almendra, pastel de alubias pintas, natillas o bollos de crema.

5 Ten Ren's Tea & Ginseng Company
PLANO P4 ■ 75 Mott St

Canastillas doradas con selección de tés chinos. Los dependientes informan sobre las propiedades de cada uno y la forma de prepararlos.

6 New Kam Man
PLANO P4 ■ 200 Canal St

Uno de los mayores emporios de Chinatown. Se pueden encontrar tónicos, té, *ginseng*, verduras y gran variedad de salsas.

7 Hong Kong Supermarket
PLANO P4 ■ 157 Hester St con Elizabeth St

Esta enorme tienda ofrece todo tipo de mariscos secos, fideos, artículos importados, semillas de sandía y productos alimenticios chinos.

8 Deluxe Food Market
PLANO P4 ■ 79 Elizabeth St

Comidas preparadas, carne adobada y puestos de carne y pescado bien surtidos en este supermercado de Chinatown.

9 Malaysia Beef Jerky
PLANO P4 ■ 95A Elizabeth St

Un minúsculo cubículo especializado en cecina de ternera, cerdo y pollo al estilo chino-malayo (con algunas versiones picantes). Conocido en Malasia como "Bak Kwa", la cecina de cerdo es una de las predilecciones en el Año Nuevo Chino.

10 Chinatown Ice Cream Factory
PLANO P4 ■ 65 Bayard St con Mott St

En este local tan popular de Chinatown, sobre todo entre los jóvenes, se pueden tomar helados de originales sabores, entre ellos jengibre, calabaza, mango y alubias.

Chinatown Ice Cream Factory

Restaurantes

PRECIOS
Una comida de tres platos con un vaso de vino de la casa (o equivalente), tasas e impuestos incluidos.

| $ -25 $ | $$ $25–75 $ | $$$ +75 $ |

(1) Great N.Y. Noodletown
PLANO P4 ■ 28½ Bowery con Bayard St ■ 212 349 0923 ■ No admite tarjetas ■ $$

Decoración sencilla, como la carta, que cuenta con sopas maravillosas, carne, tallarines y platos de marisco preparados de forma creativa.

Peking Duck House, en Chinatown

(2) Peking Duck House
PLANO P4 ■ 28 Mott St ■ 212 227 1810 ■ $$

Una forma de escapar del trajín de Chinatown, este restaurante sirve su famoso e infalible pato, así como platos clásicos chinos elegantes.

(3) Joe's Shanghai
PLANO P4 ■ 46 Bowery, entre las calles Canal y Bayard ■ 212 233 8888 ■ No admite tarjetas ■ $$

La franquicia en Chinatown de Flusing (restaurante de Queens) es famosa por las bolas de masa de sus sopas , pero los platos al vapor también son deliciosos.

(4) Chinese Tuxedo
PLANO P4 ■ 5 Doyers St, frente al Bowery ■ 646 895 9301 ■ $$

Alta cocina china (versiones con estilo de buñuelos de cerdo picantes y albóndigas de pollo) servida en un antiguo teatro de la ópera.

(5) Golden Unicorn
PLANO P4 ■ 18 East Broadway con Catherine St ■ 212 941 0911 ■ $$

El *dim sum* es la estrella, pero todos los platos están bien preparados en este abarrotado restaurante.

(6) Jing Fong
PLANO P4 ■ 202 Centre St, entre las calles Hester y Grand ■ 212 964 5256 ■ $$

Su reluciente salón se llena cada día de comensales que desean probar el *dim sum*. Se puede elegir plato de los carros que pasan por las mesas.

(7) Deluxe Green Bo
PLANO P4 ■ 66 Bayard St, entre Mott y Elizabeth Sts ■ 212 625 2359 ■ No admite tarjetas ■ $$

Este local es famoso por sus *dumplings* y sus tortas de chalota. El servicio es escaso y se forman colas, pero atienden con rapidez.

(8) Da Nico
PLANO P4 ■ 164 Mulberry St, entre Broome y Grand Sts ■ 212 343 1212 ■ $$

Local rústico con un bello jardín, este restaurante familiar tiene una docena de tipos de pizza. Uno de los favoritos del barrio.

(9) Lombardi's Pizza
PLANO P4 ■ 32 Spring St, entre Mott y Mulberry Sts ■ 212 941 7994 ■ No admite tarjetas ■ $$

No hay mejor pizza en Nueva York que la de este local reconocido como "la primera pizzería de America". La pizza de masa fina es excepcional.

Chef de Lombardi's Pizza

(10) Parm
PLANO P4 ■ 248 Mulberry St ■ 212 965 0955 ■ $$

Este local de cocina italoamericana del barrio de NoLita sirve buenos sándwiches. Los mejores son el Turkey Hero y el Saratoga Club.

Ver plano p. 90

🔟 Lower East Side y East Village

El Lower East Side aún evoca la vida de los inmigrantes que se apiñaban en *tenements* (apartamentos). Las iglesias se convirtieron en sinagogas para los judíos, que llegaron en gran número. Últimamente, latinos y chinos han dado un nuevo aire a la zona. Cerca se encuentra el East Village, un enclave holandés en origen, más tarde alemán y judío, que fue paraíso del movimiento *hippie* y cuna del *punk rock*. La comunidad ucraniana que habita esta zona ha sobrevivido con tesón a todos los cambios.

Plancha, Tenement Museum

LOWER EAST SIDE Y EAST VILLAGE

1. **Imprescindible** ver pp. 97-99
1. **Restaurantes** ver p. 101
1. **Tiendas de gangas y 'boutiques'** ver p. 100

0 metros 500

1 Lower East Side Tenement Museum

PLANO N5 ■ 108 Orchard St ■ 212 431 0233 ■ Visitas: se realizan normalmente 10.00-18.00 todos los días desde 103 Orchard St (llamar con antelación) ■ Se cobra entrada ■ www.tenement.org

Visita guiada por las vidas de varias de las familias que habitaron en este antiguo edificio de viviendas: un clan judío alemán (1874), una familia de judíos ortodoxos lituanos (1918) y una familia católica siciliana durante la depresión de la década de 1930. La exposición "Under One Roof", en el 103 de Orchard Street, explora el periodo posterior a la Segunda Guerra Mundial.

2 Essex Crossing

PLANO N5 ■ Essex St y Delancey St ■ www. essexcrossingnyc. com ■ Centro Internacional de Fotografía: los horarios varían, consultar página web; se cobra entrada; www.icp.org

Un megaproyecto que ocupa nueve manzanas en torno a las calles Delancey y Essex y ofrece tanto viviendas como espacios comerciales. Alberga incluso el histórico Essex Market y el nuevo International Center of Photography (ICP). Fundado por Cornell Capa en 1974, el ICP posee una colección de 12,500 obras originales que incluyen el trabajo de los mejores fotógrafos como Ansel Adams, Henri Cartier-Bresson y W. Eugene Smith.

3 New Museum of Contemporary Art

PLANO N4 ■ 235 Bowery St ■ Horario: 11.00-18.00 ma-do (hasta 21.00 ju) ■ Se cobra entrada ■ www.newmuseum.org

Este estimulante museo organiza montajes de trabajos experimentales que otros museos a menudo pasan por alto, sobre todo con formato multimedia, que a veces incluye escaparates fascinantes. En 2007 se trasladó a un edificio vanguardista de los arquitectos japoneses Sejima y Nishizawa. Cuenta con librería, teatro, aulas y cafetería.

4 Museum at Eldridge Street

PLANO P5 ■ 12 Eldridge St ■ Horario: 10.00-17.00 do-vi (hasta 15.00 vi) ■ Visitas: cada 30 min. ■ Se cobra entrada, gratis los lu ■ www.eldridgestreet.org

La sinagoga de Eldridge Street fue la primera en ser construida por inmigrantes judíos del Este de Europa, en 1887. Unas 1.000 personas asistían a los servicios a inicios del siglo XX. Al irse del barrio muchos miembros de la congregación, el templo cerró en los años cincuenta. Tras una amplia restauración que duró 20 años, ahora es un animado centro cultural aunque sigue funcionando como lugar de oración.

Interior restaurado del Museum at Eldridge Street

El mostrador de Russ & Daughteres

5 Russ & Daughters

PLANO N5 ▪ 179 East Houston St ▪ Horario: 8.00-18-00 vi-mi, 8.00-19.00 ju (los horarios pueden variar en los días festivos judíos) ▪ www.russanddaughters.com

En 1907, el inmigrante polaco Joel Russ empezó a vender arenques que cargaba sobre sus propios hombros hasta que pudo ahorrar para comprarse un carro. En 1920 abrió esta tienda, que también vende arenque y salmón ahumado. Ahora está al cargo la cuarta generación y los bisnietos de Russ dirigen el negocio. El salmón ahumado y el resto de los productos que se venden aquí son de primera calidad, sobre todo el caviar.

6 Sinagoga Bialystoker

PLANO N5 ▪ 7 Willet St, cerca de la confluencia de Grand St y East Broadway ▪ Horario: 7.00-10.00 lu-ju (confirmar en 212 475 0165).

Construida en 1826 como iglesia metodista, fue adquirida por la congregación Beth Haknesseth Anshe Bialystok en 1905. Con una fachada de piedra gris, su interior exhibe vidrieras magníficamente restauradas, pan de oro y murales de signos del zodiaco. Una placa recuerda al gánster Bugsy Siegel, que acudía aquí de niño.

7 St. Mark's in-the-Bowery Church

PLANO M4 ▪ 131 East 10th St ▪ Horario: 8.30-16.00 lu-vi, servicios religiosos: 10.30 do

La segunda iglesia más antigua de Nueva York se alza en los terrenos en los que se encontraba la capilla privada de Peter Stuyvesant, gobernador holandés de Manhattan, que está enterrado aquí. En los años sesenta fue una de las congregaciones más comprometidas políticamente de toda la ciudad, y todavía sigue dando guerra.

8 St. Mark's Place

PLANO M4 ▪ East 8th St, entre 3rd Ave y Ave A

Antiguo corazón de la comunidad *hippie*, la zona es todavía escenario de la contracultura neoyorquina y

La colorida St. Mark's Place

UN BARRIO A LA ÚLTIMA

Para demostrar que el cambio es la norma en la ciudad de Nueva York, el Lower East Side se ha convertido en la zona de moda para restaurantes, bares, cafeterías, clubes y *boutiques* a la última. Algunos neoyorquinos incluso se trasladan a los *tenements* de los que huyeron sus abuelos. Ludlow Street es uno de los mejores lugares para observar este cambio en la ciudad.

lugar de reunión de los jóvenes del East Village. Las aceras rebosan de actividad hasta bien entrada la noche, con bares de fideos chinos, restaurantes asiáticos y tiendas de ropa *vintage* y de cuero, libros y camisetas. También hay locales especializados en tatuajes.

⑨ Ukrainian Museum

PLANO N4 ▪ 222 East 6th St, entre 2nd y 3rd Aves ▪ Horario: 11.30-17.00 mi-do ▪ Se cobra entrada ▪ www.ukrainianmuseum.org

Exhibe una atractiva colección de vestidos (blusas bordadas, cintas de colores, pieles de carnero, chalecos de piel) y coronas de boda con hilos y cintas, además de cerámica, joyas y los famosos *pysanky* (huevos de Pascua).

Traje de Ucrania

⑩ Merchant's House Museum

PLANO N4 ▪ 29 East 4th St ▪ Horario: 12.00-17.00 vi-lu (hasta 20.00 ju). Se cobra entrada ▪ www.merchantshouse.com

Esta mansión de estilo federal del s. XIX la compró Seabury Tredwell, un rico comerciante, y permaneció en su familia hasta 1933. Se abrió como museo en 1936 y mantiene el mobiliario original. Los salones del primer piso revelan lo bien que vivía la clase comerciante de Nueva York en el s. XIX.

UN PASEO POR EAST SIDE

▶ MAÑANA

Camine hacia el sur desde la estación de metro de Delancey St hasta Grand Street y **Kossar's Bialys Bakery** *(367 de Grand St)*, famosa por sus pasteles con sabor a cebolla, o a **Doughnut Plant** *(en el 379 de la misma calle)*, donde se venden golosinas para *gourmets*. Siga hacia el este hasta llegar a un edificio histórico para el culto, la sinagoga **Bialystoker**, que originalmente fue una iglesia metodista.. Vuelva por East Broadway pasando ante **Henry Street Settlement**, en el nº 281. El centro comunitario del nº 197, **Manny Cantor Center**, organiza exposiciones. Siga hasta Orchard. donde hay tiendas de descuentos, o visite el **Lower East Side Tenement Museum** *(ver p. 97)*. Pruebe uno de los 50 sabores de helado de **Il Laboratorio del Gelato** (188 de Ludlow Street), siga a lo largo de East Houston Street y coma en **Katz's Delicatessen** *(ver p. 101)* o compre algunos *bagels* en **Russ & Daughters**.

TARDE

Después de comer, camine por la Segunda Avenida. Gire a la izquierda en East 6th para visitar el **Ukrainian Museum**. Siga hasta **St Mark's Place**, con tiendas y locales de moda por el camino. Continúe hacia el este por Stuyvesant Street y admire las elegantes casas de Renwick Triangle. Por último, deténgase en la iglesia de **St. Mark's in-the-Bowery**, una de las más antiguas de la ciudad, después de lo cual puede cenar y tomar una copa en uno de los muchos bares y restaurantes del East Village.

Tiendas de gangas y 'boutiques'

 Zarin Fabrics
PLANO P5 ■ 69 Orchard St

Desde 1936, esta enorme tienda y taller vende a sus clientes tejidos y tapizados a precios de fábrica.

 Katinka
PLANO M4 ■ 303 East 9th St

Exóticas telas indias, ropa y joyas es lo que vende esta vistosa tienda de regalos a precios escandalosamente bajos.

 L Train Vintage
PLANO M5 ■ 204 1st Ave, entre las calles 12 y 13

Tienda de moda de segunda mano con amplio surtido de camisetas, chaquetas, abrigos, sudetes y trajes *vintage*. Recibe suministros al menos tres veces a la semana desde EE UU.

4 **Exit 9 Gift Emporium**
PLANO N5 ■ 51 Ave A

Almacén independiente con una gran colección de objetos *kitsch*, regalos y toda clase de bisutería. Sitio ideal para comprar regalos divertidos y baratos, desde cabezas de alce hinchables hasta bolsos de colores.

5 **ExtraButter**
PLANO N5 ■ 125 Orchard St

Esta tienda de moda de culto es famosa por sus zapatillas deportivas de diseño, pero también vende camisas, sudaderas, pantalones cortos y complementos.

 A. W. Kaufman
PLANO P5 ■ 73 Orchard St

Lencería europea de calidad a buen precio y con servicio personalizado. Esta tienda tiene una amplia oferta de ropa interior para hombre y mujer.

 Jodamo
PLANO N5 ■ 321 Grand St

Se puede encontrar una gran variedad de ropa masculina de diseñadores europeos (Versace, Valentino, Missoni) en esta tienda, así como prendas de piel y zapatos.

 Altman Luggage
PLANO N5 ■ 135 Orchard St

Precios rebajados en bolsas para ordenador y maletas con ruedas de marcas tan prestigiosas como Lark, Travelpro y American Tourister.

 Moo Shoes
PLANO P5 ■ 78 Orchard St

Tienda cuyo dueño vegano vende divertidos y coloridos zapatos, además de bolsos, camisetas, carteras, libros y complementos, todos fabricados sin piel animal.

10 **Economy Candy**
PLANO N5 ■ 108 Rivington St

Esta anticuada tienda familiar de caramelos lleva vendiendo chicles, productos bañados en chocolate y chuches de temática neoyorquina desde el año 1937.

Estanterías llenas de dulces en Economy Candy, un lugar señero en el Lower East Side

Restaurantes

PRECIOS

Una comida de tres platos con un vaso de vino de la casa (o equivalente), tasas e impuestos incluidos.

$ -25 $ $$ 25–75 $ $$$ +75 $

① Dirty French
PLANO N5 ▪ 180 Ludlow St, entre Stanton y Houston St ▪ 212 254 3000 ▪ $$

Un *bistro* francés moderno que sirve clásicos retocados como el pato a la naranja y la trucha de río con sésamo y albaricoques.

② Katz's Delicatessen
PLANO N5 ▪ 205 East Houston St con Ludlow St ▪ 212 254 2246 ▪ $

Si se prueba el sándwich de *pastrami* en pan de centeno, se comprende cómo se ganó Katz's su prestigio.

③ Ivan Ramen
PLANO N5 ▪ 171 25 Clinton St ▪ 646 678 3859 ▪ $$

Disfrute de fideos chinos de sésamo, *ramen* rojo y albóndigas de cerdo al vapor del chef Ivan Orkin, que regresó a Nueva York en 2012 tras regentar exitosas tiendas de *ramen* en Tokio.

④ Dirt Candy
PLANO N5 ▪ 86 Allen St ▪ 212 228 7732 ▪ $$

Un restaurante con estilo en el Lower East Side que ofrece platos vegetarianos experimentales. Hay un menú degustación de cinco platos para cenar.

⑤ Tim Ho Wan
PLANO M4 ▪ 85 4th Ave, con East 10th St ▪ 212 228 2800 ▪ $$

Cadena de dim sum originaria de Hong Kong, en NY desde 2017, es uno de los restaurantes con estrellas Michelín más baratos del mundo.

⑥ Veselka
PLANO M4 ▪ 144 2nd Ave con 9th St ▪ 212 228 9682 ▪ $$

Restaurante ucraniano moderno y acogedor, abierto las 24 horas del día que durante más de 60 años ha servido *borscht*, *blintzes* y *pierogi* a muy buen precio. Las mesas traseras son más tranquilas.

⑦ The Dumpling Man
PLANO M4 ▪ 124 2nd Ave ▪ 917 388 3782 ▪ $$

Su reclamo son las albóndigas de cerdo, de pollo y vegetarianas, pero conviene dejar hueco para el helado.

⑧ Freemans
PLANO N4 ▪ 191 Chrystie St ▪ 212 420 0012 ▪ $$

Al fondo de un callejón lleno de grafitis, este restaurante de caza estilo años cincuenta sirve desde costillas al ron a ciruelas envueltas en beicon y queso azul gratinado.

Restaurante Freemans

⑨ Veniero's Pasticceria & Cafe
PLANO M5 ▪ 342 East 11th St, entre las avenidas 1 y 2 ▪ 212 674 7264 ▪ $

Una joya de la antigua escuela italiana que se remonta a 1894, conocida por su pastel de queso ricotta y cannoli. Se puede pedir para llevar o sentarse en el hermoso comedor.

⑩ Momofuku Noodle Bar
PLANO M5 ▪ 171 1st Ave con East 11th St ▪ 212 777 7773 ▪ $$

El original restaurante de David Chang es famoso por su amplia oferta de fideos chinos, pollo frito al estilo del sur y albóndigas de inspiración china.

Ver plano p. 96

🔟 SoHo y Tribeca

TriBeCa, acrónimo de Triangle Below Canal Street, era en su mayor parte un barrio de almacenes abandonados. Cuando Robert De Niro fundó en 1988 el Tribeca Film Center, se abrieron modernos restaurantes y la zona se llenó de famosos. Hoy es uno de los barrios de moda y acoge el Tribeca Film Festival.

Por su parte, SoHo, acrónimo de South of Houston, atrajo primero a artistas y galerías de arte y luego a profesionales de internet y restauradores. Solo algunas galerías permanecen, pues las calles están llenas de tiendas de ropa de diseño y de muebles. En ambas zonas hay ejemplos de la arquitectura neoyorquina de hierro fundido.

Estatua, Fire Museum

1 Greene Street
PLANO N4

La arquitectura de hierro fundido (*cast-iron*) floreció en Nueva York a finales del siglo XIX. Era un modo de construir edificios a bajo precio con elementos como columnas y arcos. El tramo de Greene Street que va de las calles Canal a Grand cuenta con 50 bellos ejemplos. Las fachadas de columnas de hierro crean un paisaje urbano sorprendente.

Edificio de hierro fundido en Greene Street

2 Children's Museum of the Arts
PLANO N3 ■ 103 Charlton St, entre Hudson y Greenwich Sts ■ 212 274 0986 ■ Horario: mediodía-17.00 lu, 12.00-18.00 ju y vi, 10.00-17:00 sá y do ■ Se cobra entrada ■ www.cmany.org

Fundado en 1988, el objetivo del CMA es hacer que los niños de hasta 12 años logren su máximo potencial en las artes interpretativas y visuales. Se les permite trabajar con pinturas, pegamento, papel y materiales reciclados para pintar, esculpir, construir e imaginar. También pueden jugar en la piscina de bolas, diseñar proyectos, explorar exposiciones y conocer a otros niños (ver p. 59).

3 Prada
PLANO N4 ■ 575 Broadway con Prince St ■ Horario: 11.00-19.00 lu-sá, 11.00-18.00 do

Esta tienda, buque insignia del diseño italiano de Prada, ejemplifica el cambio del barrio de SoHo del arte a la moda. El arquitecto holandés Rem Koolhaas es el responsable de las escaleras flotantes, las paredes onduladas, los ascensores futuristas y los probadores *high-tech*. Visita obligada para los amantes de la moda y la arquitectura.

SOHO Y TRIBECA

1	**Imprescindible** ver pp. 102-105
1	**Restaurantes** ver p. 107
1	**Vida nocturna** ver p. 106

4 New York City Fire Museum

PLANO N3 ■ 278 Spring St
■ Horario: 10.00-17.00 todos los días
■ Se cobra entrada
■ www.nycfiremuseum.org

Una estación de bomberos de 1904
acoge esta espléndida colección
que expone el equipamiento y otros
objetos de los bomberos de Nueva
York desde el siglo XVIII hasta hoy.
Incluye un emocionante homenaje
fotográfico a los cientos de bomberos
desaparecidos durante el 11S.

New York City Fire Museum

Impresionante fachada de hierro fundido del Haughwout Building

⑤ Haughwout Building
PLANO P4 ■ 488-492 Broadway con Broome St

Obra maestra de la arquitectura del hierro fundido, este edificio fue construido en 1857 para albergar un almacén de porcelana y cristalería de moda. La fachada, con arcos flanqueados por columnas corintias, está inspirada en la de la Biblioteca Sansovino de Venecia. El mismo motivo se repite 92 veces en la fachada, que en 1995 recuperó el color pálido original gracias a una restauración. Cuenta con el primer ascensor Otis, una innovación que hizo posible la construcción de rascacielos.

⑥ "Little" Singer Building
PLANO N4 ■ 561-563 Broadway, entre Prince y Spring Sts

A principios del siglo XX, la arquitectura del hierro fundido dejaba paso a

"Little" Singer Building

los edificios de ladrillo y terracota. Un ejemplo destacado es el "Little" Singer Building (para distinguirlo de otro edificio que también pertenecía a Singer), obra de 1904 de Ernest Flagg. Tiene influencias de la arquitectura francesa y una fachada de 12 pisos adornada con bellos balcones de hierro y elegantes arcos pintados de color verde oscuro.

⑦ Canal Street
PLANO P3-4

Esta calle, en la frontera entre SoHo y Tribeca, ejemplifica como pocas los contrastes de Nueva York. Está llena de puestos ambulantes que venden relojes Rolex y bolsos Gucci falsificados, así como tiendas de gangas que ofrecen pantalones vaqueros, zapatillas de deporte y otros artículos a bajo precio. Hacia el este se llega hasta Chinatown, donde se encuentran numerosas tiendas de alimentación.

8 Harrison Street
PLANO P3

Este grupo de edificios (1796-1828) de estilo federal no estuvo aquí hasta 1975, año en que fue trasladado desde su antigua ubicación con el fin de salvarlo de la remodelación urbanística que arrasó gran parte de la zona. Al final de la manzana se halla la antigua Bolsa Mercantil de Nueva York (n° 6), edificio de estilo Reina Ana levantado en 1884 y en uso hasta 1977, así como sede de la Bolsa hasta que esta se trasladó al World Trade Center.

9 The Drawing Center
PLANO P4 ▪ 35 Wooster St ▪ Horario: 12.00-18.00 mi y vi-do, 12.00-20.00 ju; cerrado 25-26 nov, 24 dic-1 ene ▪ Se cobra entrada ▪ www. drawing center.org

The Drawing Center (ver p. 51) mantiene el legado de galerías de bellas artes del Soho, centrándose en exposiciones de dibujos históricos y contemporáneos. Ha expuesto a maestros como Marcel Duchamp o Richard Tuttle, así como a otros artistas emergentes. Cada año invita a un artista para que cree un mural en la entrada principal y la escalera de la galería. *Labyrinth*, de Edie Fake, estuvo expuesta hasta finales de 2021.

10 Tribeca Film Center
PLANO P3 ▪ 375 Greenwich St

Antiguo almacén de café convertido en estudio de cine y audiovisual. Su *alma mater* era Robert De Niro, que fundó Tribeca Productions en 1988. También Miramax cuenta con estudios en este lugar. El edificio alberga el restaurante Tribeca Grill, propiedad de De Niro y del afamado restaurador Drew Nieporent.

TRIBECA Y EL CINE

Robert de Niro organizó el primer Tribeca Film Festival en 2002 para ayudar a la recuperación del barrio tras los atentados del 11 de septiembre. El festival, que se celebra en primavera y dura 10 días, es uno de los más importantes del país. Fuera del período del festival, se ha visto a diversas estrellas en el Roxy Cinema del Roxy Hotel (ver p. 173).

UN PASEO POR SOHO Y TRIBECA

▶ MAÑANA

La estación de metro de Prince Street es un buen punto de partida en SoHo. Visite la interesante **Staley-Wise Gallerry** (100 Crosby St), llena de galerías de fotografía. Después, camine una manzana al oeste y deténgase en la boutique **Miu Miu** (100 Crosby St) del diseñador italiano, antes de continuar hacia una de los espacios de arte más respetados del SOHO, **Franklin Bowles Galleries**, en el 431 de West Broadway. Vuelva sobre sus pasos y diríjase al sur por Greene Street (ver p. 102), llena de boutiques y tiendas de diseño. como Louis Vuitton en el n° 116, Stella McCartney en el n° 112 y Tiffany & Co. en el n° 97. En Spring Street tuerza la derecha y camine un par de manzanas para comer en **Boquería** (ver p. 107).

TARDE

Después de comer, visite el **Drawing Center**, donde se exponen obras de aristas jóvenes y se organizan recitales de poesías. Continúe hacia Tribeca para disfrutar de las variadas exhibiciones en **apexart** (ver p. 51).

Camine a lo largo de **White St.** para admirar la arquitectura histórica y luego tomar una copa en el **Roxy Bar** (ver p. 106). Diríjase a la **Harrison St.** para ver las impresionantes mansiones del siglo XIX, antes de probar lo mejor de la cocina de Tribeca con una comida en uno de los restaurantes líderes de la zona, **The Odeon** (ver p. 107).

Ver plano p. 103 ←

Ocio nocturno

1 ### Fanelli Café
PLANO N4 ■ 94 Prince St en Mercer St ■ 212 226 9412

Los residentes llevan acudiendo a bares en este local desde 1847, pero este antiguo local abrió sus puestas en 1922. Uno de los lugares predilectos del SoHo.

2 ### Roxy Bar
PLANO N3 ■ Roxy Hotel TriBeCa, 2 6th Ave ■ 212 519 6600

Casi toda la planta baja del hotel está ocupada por este popular bar con asientos cómodos y un patio interior de ocho plantas.

3 ### Nancy Whiskey Pub
PLANO P3 ■ 1 Lispenard St ■ 212 226 9943

Este sencillo bar local es uno de los locales de Tribeca más queridos del barrio. Sirve hamburguesas y whisky y ofrece juegos de tejo.

El popular Brandy Library

4 ### Brandy Library
PLANO P3 ■ 26 N Moore St, con Varick St ■ 212 226 5545

La carta de este lounge-bar ofrece whiskys de malta, coñacs exclusivos y alrededor de 100 cócteles diferentes.

5 ### Puffy's Tavern
PLANO P3 ■ 81 Hudson St en Harrison St ■ 212 227 3912

Los tragos baratos y los sándwiches italianos Alidoro atraen a los residentes a este pequeño y amable bar de barrio que también tiene dardos y una gran pantalla plana de TV para acontecimientos deportivos.

El bar de Ear Inn

6 ### Ear Inn
PLANO P3 ■ 326 Spring St con Greenwich St ■ 212 226 9060

Este elegante y acogedor rincón es probablemente el bar de la ciudad más antiguo (1830). Muy concurrido de día y de noche, es un buen sitio para comer barato y de forma aceptable.

7 ### Grand Bar
PLANO P3 ■ SoHo Grand Hotel, 310 West Broadway, entre Canal y Grand Sts ■ 212 965 3588

Este bar es el corazón de la noche en este barrio, con su luz agradable y suave. También sirven comida.

8 ### Terroir Tribeca
PLANO P3 ■ 24 Harrison St ■ 212 625 9463

Celebre la noche neoyorquina en este animado bar de vinos de todo el mundo con creativos entrantes, desde la ensalada de pato a las bolas de *mozzarella*.

9 ### Paul's Casablanca
PLANO N3 ■ 305 Spring St ■ 212 620 5220

Una coctelería y club nocturno con una clientela fiel de celebridades. El interior recuerda a un palacio marroquí, con azulejos, lámparas y pufs de cuero.

10 ### Kenn's Broome Street Bar
PLANO P3 ■ 363 West Broadway con Broome St ■ 212 925 2086

Toda una institución en el SoHo con un surtido decente de cervezas y comida.

Restaurantes

PRECIOS

Una comida de tres platos con un vaso de vino de la casa (o equivalente), tasas e impuestos incluidos.

| $ -25 $ | $$ 25–75 $ | $$$ +75 $ |

1 ### The Dutch
PLANO N3 ▪ 131 Sullivan St
▪ 212 677 6200 ▪ $$$

Ostras y platos atrevidos, desde el solomillo al cogote de cordero, son las especialidades de esta taberna dirigida por Andrew Carmellini.

Fuente de marisco en The Dutch

2 ### Tribeca Grill
PLANO P3 ▪ 375 Greenwich St
▪ 212 941 3900 ▪ $$

En Tribeca Grill, propiedad en parte de la estrella de Hollywood Robert De Niro, hay platos estadounidenses exquisitos con toques asiáticos e italianos en un almacén de ladrillo visto muy espacioso.

3 ### La Esquina
PLANO P4 ▪ 114 Kenmare St
▪ 646 613 7100 ▪ $$

Colorido local mexicano en el que los clientes eligen entre tacos baratos o cócteles con estilo.

4 ### Locanda Verde
PLANO P3 ▪ 377 Greenwich St
▪ 212 925 3797 ▪ $$$

Visite esta taberna informal italiana para probar las creaciones del chef estrella Andrew Carmellini. Pruebe el sándwich de porcheta, el pato *arrosto* (asado) o una de sus soberbias pastas.

5 ### Bubby's
PLANO P3 ▪ 120 Hudson St
▪ 212 219 0666 ▪ $$

Soleado restaurante familiar en Tribeca, con una carta variada con precios módicos y un horario amplio. Hacen comidas completas y piscolabis.

6 ### Grand Banks
PLANO P2 ▪ Pier 25, North Moore St ▪ 212 660 6312 ▪ $$

Ostras y cócteles en la goleta de madera de 1942 Sherman Zwicker, que ahora es un restaurante atracado en el muelle. Hay que llegar pronto, porque el sitio es limitado.

7 ### Balthazar
PLANO N3 ▪ 80 Spring St con Broadway ▪ 212 965 1414 ▪ $$$

Lo más parecido a un *bistrot* de París que se puede encontrar en el Soho. El único problema es su popularidad, por lo que es muy bullicioso.

8 ### Raoul's
PLANO N4 ▪ 180 Prince St, entre Sullivan y Thompson Sts ▪ 212 966 3518 ▪ $$

Otro buen restaurante de la margen izquierda del SoHo, con cocina francesa actual y un gran jardín.

9 ### The Odeon
PLANO P3 ▪ 145 West Broadway con Thomas St ▪ 212 233 0507 ▪ $$

Estilo *art déco*, buena comida francoamericana y con una clientela llena de estrellas que lleva acudiendo a este local de moda desde 1980.

10 ### Boqueria
PLANO N3 ▪ 171 Spring St
▪ 212 343 4255 ▪ $$

Ideal para tomar deliciosas tapas como pimientos de padrón o cordero marinado, todo acompañado con una jarra de sangría.

Ver plano p. 103 ←

TOP 10 Greenwich Village

Fue distinto desde el comienzo, con un trazado único de calles que rompe el cuidadoso plan urbano de la ciudad y refleja los límites de una villa rural. Paraíso de bohemios, las arboladas calles del Village han sido hogar para artistas y escritores, músicos de jazz, poetas y cantantes como el joven Bob Dylan. Más tarde fue popular entre la comunidad LGTBIQ+ y en la actualidad sus tiendas y cafés atraen a jóvenes de toda la ciudad. El Village cobra vida por la noche, cuando cafés, teatros y clubes nos llaman la atención a cada paso.

New York University

1 Washington Square Park
PLANO N3 ■ 5th Ave, entre Waverly Pl y 4th St

En 1826 se desecó una zona pantanosa para dar forma a este popular parque. Stanford White erigió Marble Arch en 1892, que reemplazó al arco de madera que conmemoraba el centenario de la investidura de George Washington como presidente de

Marble Arch, Washington Square Park

GREENWICH VILLAGE

0 metros   300

14th St-Eighth Ave · 14th St · 14th St · 14th St-Union Sq · UNION SQUARE

MEATPACKING DISTRICT · JACKSON SQUARE · WEST 13TH STREET · Sixth Ave

GREENWICH AVENUE · WEST 12TH STREET

HUDSON STREET · EIGHTH AVENUE · WEST 11TH STREET · EAST 11TH ST

GANSEVOORT STREET · WEST 4TH STREET · WEST 10TH ST · EAST 10TH ST

HORATIO STREET · WEST 9TH ST · EAST 9TH ST

GREENWICH STREET · WASHINGTON STREET · ABINGDON SQUARE · GREENWICH VILLAGE

WEST VILLAGE · PERRY STREET

Christopher St-Sheridan Sq · WAVERLY PLACE

BANK STREET · CHARLES STREET · West 4th St-Washington Sq · WASHINGTON PL

GROVE STREET · BLEECKER STREET · CORNELIA ST · (SIXTH AVENUE) · LA GUARDIA PLACE · MACDOUGAL STREET · MERCER STREET

LEROY ST · BEDFORD STREET · Broadway-Lafayette St

James J. Walker Park · WEST HOUSTON ST

① **Imprescindible**
ver pp. 108–111

① **Restaurantes**
ver p. 113

① **Rincones literarios**
ver p. 112

Casas de mediados del siglo XIX en Grove Court, Greenwich Village

Estados Unidos. Madres, niños, jugadores de ajedrez y parejas jóvenes ocupan los bancos del parque. Bob Dylan cantaba junto a la fuente en sus inicios.

② Whitney Museum of American Art

PLANO M2 ■ 99 Gansevoort St ■
Horario: 10.30-18.00 do, lu, ma (jul y ago solo), mi y ju; 10.30-22.00 vi y sá ■
Se cobra entrada (19.00-22.00 se paga por lo que se desee) ■ www.whitney.org

Este museo *(ver p. 48)* fundado por Gertrude Vanderbilt es el principal escaparate de arte estadounidense de los siglos XX y XXI. Las plantas sexta y séptima de este asombroso edificio exhiben obras de la colección del museo; no hay una colección permanente, más bien una rotación constante de obras. La Bienal Whitney, celebrada en años impares, es la exposición más importante de las nuevas tendencias del arte estadounidense.

③ Grove Court

PLANO N3 ■
Grove St cerca de Bedford St
Este grupo de seis viviendas fue erigido por el comerciante Samuel Cocks, que

Washington Mews

con su construcción quiso atraer clientes a su comercio del n° 18. Se trata de bellas casas que en 1850 distaban mucho de su respetabilidad actual y a las que la gente bautizó como "Mixed Ale Alley". El escritor Olivier Henry situó aquí uno de sus relatos, "The last leaf" ("La última hoja"), publicado en 1902.

④ Washington Mews

PLANO M3 ■ University Pl con 5th Ave

Grupo de establos, convertidos en viviendas alrededor de 1900, que atrajo a escritores y artistas. En el n° 14A vivieron, en distintas épocas, el escritor John Dos Passos y los pintores Edward Hopper, William Glackens y Rockwell Kent. Por su parte, el escritor Sherwood Anderson pasó temporadas en el n° 54 con su amiga y también mecenas Mary Emmett. En contraste con los modernos edificios del resto de Manhattan, este tipo de enclaves singulares son el motivo por el que muchos encuentran el Village tan atractivo para visitar y vivir.

(5) Jefferson Market Courthouse

PLANO M3 ■ 425 6th Ave, entre 9th y 10th Sts ■ Horario: 10.00-20.00 lu-ju, 10.00-17.00 vi y sá, 13.00-17.00 do

En este mismo lugar había, en 1833, un mercado con el nombre del expresidente Thomas Jefferson. La torre vigía tenía una campana que alertaba a los bomberos en caso de incendio. Cuando se construyó el tribunal en 1877, la campana quedó instalada en la torre del reloj. Este emblemático edificio se salvó de la demolición gracias a una intensa campaña de los vecinos. En los años cincuenta se convirtió en sucursal de la New York Public Library (ver p. 128).

Un restaurante de Bleecker Street

Jefferson Market Courthouse

(6) Cherry Lane Theatre

PLANO N3 ■ 38 Commerce St, entre Bedford y Barrow Sts ■ 212 989 2020 ■ www.cherrylanetheatre.org

En 1924, el almacén se transformó en uno de los primeros teatros del Off-Broadway. Desde entonces se han representado en él obras de dramaturgos como Edward Albee, Ionesco, David Mamet, Samuel Beckett y Harold Pinter. Hoy, la Cherry Lane Alternative permite que autores consagrados abran las puertas a los jóvenes talentos.

(7) Bleecker Street

PLANO N3 ■ Entre 6th Ave y West Broadway

La actual profusión de tiendas y restaurantes oculta la historia de esta calle. James Fenimore Cooper vivió en el n° 145 en 1833, Theodore Dreiser se alojó en el n° 160 cuando llegó a Nueva York en 1895, y James Agee vivió en el 172 entre 1941 y 1971. En el café del n° 189, en la esquina de Bleecker con MacDougal, estuvo el San Remo Bar, lugar de reunión favorito de William Burroughs, Allen Ginsberg, Gregory Corso y Jack Kerouac, principales figuras de la generación *beat*.

(8) New York University

PLANO N4 ■ Washington Square ■ www.nyu.edu

Fundada en el año 1831, la New York University amplió el ámbito de sus estudios (se basaban en la enseñanza del latín y el griego) a comienzos del siglo XIX hacia una educación "racional y práctica" de quienes aspiraban a estudiar economía, ciencia, industria y artes, así como derecho, medicina y teología.

Actualmente es una de las universidades privadas más grandes de Estados Unidos y ocupa varias manzanas en torno a Washington Square.

⑨ Judson Memorial Church

PLANO N3 ■ **55 Washington Square South** ■ **Servicio religioso: 11.00 do**

Elegante obra de estilo románico obra de Stanford White, con vidrieras de John La Farge. Fue construida entre 1888 y 1893 en memoria de Adoniram Judson, primer misionero baptista estadounidense en Asia. John D. Rockefeller *(ver p. 46)* donó dinero para su construcción. Con el uso del ladrillo amarillo moteado y las molduras blancas de terracota, White introdujo una ligera coloración en la arquitectura eclesial americana.

⑩ 75½ Bedford Street

PLANO N3 ■ **Entre Morton y Barrow Sts**

La vivienda con la fachada más estrecha de Nueva York (3 m) fue construida en 1873 en una calzada que conducía a los antiguos establos de los números 75 y 77. Aquí vivió la escritora Edna St. Vincent Millay y los actores John Barrymore y Cary Grant. El n° 77 es la construcción más antigua (1799) del Village, y el n° 133, conocido como Twin Peaks, es una casa de 1830 transformada en 1925 en residencia de artistas y escritores mediante un proyecto de Clifford Reed Daily.

EL DESFILE DE HALLOWEEN

Cualquier disfraz es posible en este fantasioso desfile anual de carrozas y vestidos increíbles **(abajo).** Con más de 60.000 participantes y dos millones de espectadores, es el desfile de Halloween más grande del mundo. Comienza a las 19.00 y recorre la Sexta Avenida desde la calle Spring (Village) hasta la calle 23.

UN PASEO POR EL VILLAGE

▶ MAÑANA

Comience en **Washington Square** *(ver p. 112),* en las elegantes casas donde vivieron Henry James y Edith Wharton. Visite las viviendas de **Washington Mews** *(ver p. 109)* y MacDougal Alley *(East of MacDougal St., entre la calle 8 y Waverly Pl)* y luego siga hacia el sur de MacDougal St., en su momento una de las guaridas favoritas de la generación Beat y de Bob Dylan, hasta el **Caffe Reggio** en el n. 119. Abierto desde 1927, el café está adornado con antigüedades y pinturas italianas.

Baje por **Bleecker Street** y continúe hasta atravesar la 7th Avenue y encontrar varios comercios icónicos, como Tocco, Murray´s Cheese y Faicco´s. Siga bajando Sixth Avenue hasta **Bedford Street,** una de las manzanas más atractivas de la ciudad, y visite **Grove Court** *(ver p. 109).* Almuerce en la encantadora y minúscula bistro, **The Little Owl** *(ver p. 113).* Encima se encuentra el edificio de apartamentos que sirvió de exteriores del apartamento de Mónica en *Friends.*

TARDE

Después de comer es muy recomendable pasar unas horas de tiendas por el barrio en **West 4th Street.** Hay cafeterías como **Rebel Coffee** *(19 Eighth Ave),* perfectas para observar a la gente. Se puede admirar la ropa de diseño *vintage* en tiendas como **Odin** *(106 Greenwich Ave),* mientras que más al oeste está el Meatpacking District, sede de boutiques y restaurantes. Puede detenerse en el **NYC AIDS Memorial Park** *(76 Greenwich Ave),* inaugurado en 2016 como homenaje a las personas de NY que murieron de SIDA desde los 70.

Rincones literarios

1 Washington Square
PLANO N3

Entre los escritores que vivieron en esta plaza se halla Edith Wharton, que en 1882 habitaba el n° 7. Henry James nació cerca, en el n° 2 de Washington Place, en 1843.

2 St. Luke's Place
PLANO N3 ▪ Entre Hudson St y 7th Ave South

La poetisa Marianne Moore vivió en el n° 14 y Theodore Dreiser escribió *An american tragedy* en el n° 16.

3 Patchin Place
PLANO N3 ▪ West 10th St

Encantadoras casas del siglo XIX donde vivieron los poetas E. E. Cummings y John Masefield, así como el dramaturgo Eugene O'Neill.

4 Café Wha?
PLANO N3 ▪ 115 MacDougal St, entre Bleecker y West 3rd Sts

El poeta Allen Ginsberg era un asiduo de este local, que también frecuentaron Bob Dylan y Jimi Hendrix.

5 White Horse Tavern
PLANO N3 ▪ 567 Hudson St con 11th St

Local favorito de Norman Mailer y Dylan Thomas, que una noche de 1953 anunció, antes de desmayarse: "Acabo de tomarme 18 whiskys seguidos". Falleció al día siguiente.

6 Residencia de Willa Cather
PLANO N3 ▪ 5 Bank St, entre Waverly Pl y Greenwich St ▪ Cerrada al público

Willa Cather escribió seis novelas en esta casa, donde organizaba veladas los viernes, a las que asistía, entre otros, D. H. Lawrence.

7 Residencia de Mark Twain
PLANO M3 ▪ 21 5th Ave con 9th St ▪ cerrado al público

La antigua casa (1904-1908) de Mark Twain, proyectada por James Renwick Jr., arquitecto de la catedral de San Patricio, fue demolida en 1954. Twain recibía a sus invitados en la cama.

Mark Twain

8 Casa de Emma Lazarus
PLANO M3 ▪ 18 West 10th St ▪ Cerrada al público

Esta casa de piedra roja de estilo italiano fue hogar de Emma Lazarus, autora del poema *New Colossus*, que adorna la Estatua de la Libertad.

9 Residencia de James Baldwin
PLANO M2 ▪ 81 Horatio St, entre las calles Washington y Greenwich ▪ Cerrada al público

Este aclamado autor afroamericano vivió en un apartamento de aquí entre 1958 y 1961, mientras escribía su tercera novela, *Otro país*.

10 West 10th Street
PLANO M3

Esta calle ha tenido varios residentes literarios. Mark Twain vivió en el n° 14 entre 1900 y 1901, Hart Crane en el n° 54 en 1917 y Edward Albee en el n° 50 en los años sesenta.

White Horse Tavern

Restaurantes

1 **Babbo**
PLANO N3 ▪ 110 Waverly Pl ▪ 212 777 0303 ▪ $$$

El atractivo del local y la imaginativa cocina italiana del restaurador Joe Bastianich lo hacen muy popular. Imprescindible reservar.

2 **Il Mulino**
PLANO N3 ▪ 86 West 3rd St, entre Sullivan y Thompson Sts ▪ 212 673 3783 ▪ $$$

Magnífico italiano con buena calidad y platos abundantes en un lugar con paredes revestidas de ladrillos.

3 **Blue Hill**
PLANO N3 ▪ 75 Washington Pl ▪ 212 539 1776 ▪ $$$

Nueva cocina americana con ingredientes locales de temporada servida en un entorno elegante.

4 **Gotham Bar and Grill**
Plano M3 ▪ 12 East 12th St, entre 5th Ave y University Pl ▪ 212 620 4020 ▪ $$$

Este premiado restaurante inaugurado en 1984 ofrece cocina americana contemporánea. Es conocido por su carne y su carta de vinos internacional.

5 **John's of Bleecker Street**
PLANO N3 ▪ 278 Bleecker St ▪ 212 243 1680 ▪ $$

Una pizzería a la vieja usanza, con masa fina y crujiente, también famosa por los grafitis grabados junto a las mesas.

6 **Minetta Tavern**
PLANO N3 ▪ 113 MacDougal St ▪ 212 475 3850 ▪ $$$

Esta clásica taberna data de 1937 (Ernest Hemingway y Eugene O'Neill frecuentaban el local). Ahora es un *bistrot* de calidad reconocida.

7 **Red Farm**
PLANO N2 ▪ 529 Hudson St, entre W 10th y Charles St ▪ 212 792 9700 ▪ $$

Productos locales y de temporada en un moderno establecimiento, con creaciones como los buñuelos *(dim sum)* de gamba "Pac-Man".

8 **Morandi**
PLANO M3 ▪ 211 Waverly Pl ▪ 212 627 7575 ▪ $$

La campiña italiana en pleno West Village. Un restaurante muy frecuentado con buena pasta, carnes a la brasa y marisco.

9 **The Little Owl**
PLANO N3 ▪ 90 Bedford St ▪ 212 741 4695 ▪ $$

Este pequeño pero agradable *bistrot* italianoamericano dirigido por Joey Campanaro sirve desde escalopes a la parrilla hasta *risotto* con trufas y queso parmesano.

10 **Magnolia Bakery**
PLANO M2 ▪ 401 Bleecker St, en West 11th St ▪ 212 462 2572 ▪ $

Hay muchas cosas ricas al horno, pero la gente acude aquí por las buenísimas y merecidamente famosas magdalenas multicolores.

Magnolia Bakery

Ver plano p. 108 ←

TOP**10** Union Square, Gramercy Park y Flatiron

La próspera zona de Manhattan tiene como centro Union Square, una gran intersección que es también un agradable parque lleno de estatuas y monumentos. Un mercadillo semanal lo llena de productos frescos y en su entorno hay muchos comercios y restaurantes. Las tiendas y los sitios para comer se extienden hasta la Quinta Avenida, en el otro descuidado distrito de Flatiron. Frente al edificio Flatiron que da nombre al barrio, Madison Square alberga algunos de los restaurantes más populares de la ciudad así como al parque homónimo. Gramercy Park sigue siendo el barrio europeo de la ciudad.

Mercadillo de Union Square

UNION SQUARE, GRAMERCY PARK Y FLATIRON

1	**Imprescindible**	ver pp. 115-117
1	**Restaurantes**	ver p. 119
1	**Vida nocturna**	ver p. 118

Madison Square Park

1 Mercadillo de Union Square

PLANO M4 ■ en Broadway con 17th St ■ Horario: 8.00-18.00 lu, mi, vi, sá

Hierbas, bayas, verduras, flores frescas, dulces caseros, prendas de punto, miel, fiambres y mucho más puede encontrarse los lunes, miércoles, viernes y sábados en este espléndido mercadillo que llena Union Square. Más de 150 agricultores de la región acuden a vender sus productos.

2 ABC Carpet & Home

PLANO L4 ■ 888 Broadway con East 19th St ■ Horario: 10.00-19.00 lu-sá, 11.00-18.00 do

La tienda más ecléctica de la ciudad, con un edificio que es en parte mercadillo, en parte feria de antigüedades y en parte bazar oriental. Aquí se venden refinados muebles franceses, mobiliario rústico mexicano, telas, complementos, ropa de cama, flores y alfombras. También cuenta con los amplios comedores de ABC Cocina y ABC Kitchen.

3 Madison Square Park

PLANO L3 ■ 23rd a 26th Sts, entre Broadway y Madison Ave

Una plaza inaugurada en 1847 en el centro de una elegante zona residencial donde nacieron el político Theodore Roosevelt y la escritora Edith Wharton. El Madison Square Garden se encontraba antes aquí, en Madison Avenue, a la altura de la calle 26. La remodelación dio lugar a la construcción de importantes edificios, como el Flatiron y el Metropolitan Life. Hoy, el parque acoge las populares hamburgueserías Shake Shack *(ver p. 67)*.

4 Casa natal de Theodore Roosevelt

PLANO L4 ■ 28 East 20th St, entre Broadway y Park Ave Sth ■ Horario: 9.00-17.00 mi-do ■ solo visitas guiadas ■ www.nps.gov/thrb

La casa donde nació en 1858 y pasó su infancia el vigésimo sexto presidente de Estados Unidos ha sido reconstruida. La exposición recorre su carrera política y sus exploraciones. Se incluyen juguetes, ropa de campaña y emblemas del famoso sombrero Rough Rider que llevó durante la guerra con España en 1898. También ofrece una visión de la vida de las clases privilegiadas en el Nueva York del siglo XIX.

Casa natal de Theodore Roosevelt

5 Metropolitan Life Tower

PLANO L4 ■ 1 Madison Ave, cerca de 24th St ■ Vestíbulo abierto en Horario de oficinas ■ Entrada libre

Esta torre de 54 plantas, construida en el costado este de Madison Square en 1909, fue el edificio más alto del mundo en su momento y símbolo de la mayor aseguradora del planeta. Diseñado por Napoleon Le Brun & Sons, la torre está inspirada en el *campanile* de la Piazza San Marco de Venecia. Aunque fue reformado en los años sesenta, mantiene su reloj de cuatro esferas y la cúpula, emblema del *skyline* neoyorquino. La torre alberga hoy el New York Edition Hotel.

6 Flatiron Building

PLANO L3 ■ 175 5th Ave con Broadway y 23rd St ■ Vestíbulo abierto en Horario de oficinas ■ Entrada libre

Aunque sobrepasado por rascacielos más altos, este peculiar edificio (adapta su forma al solar triangular sobre el que se erige) aún impacta y simboliza el comienzo de la era de los rascacielos. Su estrecha fachada redondeada se asemeja a la orgullosa proa de un buque que enfila la avenida. Finalizado en 1902, marcaba el extremo norte de la prestigiosa Ladies' Mile, ubicada entre las plazas Union y Madison. Fue proyectado por el arquitecto de Chicago Daniel Burnham, que incluyó decoración de estilo renacentista italiano, la mayor parte en terracota.

CUATRO PLAZAS RECOLETAS

En Manhattan solo hay cuatro plazas de estilo londinense: Union, Madison, Stuyvesant y Gramercy Park. Todas fueron construidas en el siglo XIX por promotores que querían enriquecerse vendiendo las fincas de alrededor. Son un remanso de paz entre los altos edificios, pero solo Gramercy Park **(abajo)** sigue siendo privada.

Flatiron Building

7 Gramercy Park

PLANO L4 ■ Lexington Ave, entre 20th y 21st Sts ■ Cerrado al público

Samuel Ruggles edificó el barrio en torno a un parque particular en las décadas de 1820-1830. Sigue siendo el único parque privado de Nueva York y un magnífico lugar para vivir. En 1888, el arquitecto Stanford White reformó el n° 16 para el actor Edwin Booth, que fundó aquí el Players Club. Hay una estatua de Booth en el parque *(ver p. 118)*.

8 National Arts Club

PLANO L4 ■ 15 Gramercy Park South ■ Horario: 10.00-17.00 lu-vi ■ www.nationalartsclub.org

Antiguo hogar de Samuel Jones Tilden, gobernador demócrata de Nueva York y rival de William "Boss" Tweed *(ver p. 46)*, este edificio neogótico de piedra rojiza es obra de Calver Vaux, arquitecto de Central Park. Fue comprado en 1906 por la institución The National Arts Club, cuyos miembros han sido los mejores artistas estadounidenses desde 1898 hasta nuestros días. Cada miembro debe donar una de sus obras al club. Sus galerías están abiertas al público.

Fachada del National Arts Club

⑨ 69th Regiment Armory
PLANO L4 ■ 68 Lexington Ave, entre 25th y 26th Sts ■ Cerrado al público

Este edificio *beaux arts* de 1906 sirvió de sala de prácticas y oficinas de una unidad militar privada formada en 1848. En 1913 se celebró aquí la polémica muestra de arte "The Armory Show", con obras de Van Gogh, Duchamp y Brancusi. Las críticas fueron terribles, pero marcó el inicio del arte moderno en Nueva York y tuvo un efecto profundo y duradero en los artistas estadounidenses.

⑩ Curry Hill
PLANO L4 ■ Lexington Ave, entre 26th y 29th Sts

A pesar de los cambios del entorno, este callejón al sur de Murray Hill conserva antiguos comercios de la India en los que se venden saris y recuerdos, así como restaurantes indios de gran éxito (sobre todo entre los vegetarianos) que sirven buena comida a precios razonables. Kalustyan's, en el 123 de Lexington Avenue, es un auténtico tesoro de especias y granos, con 31 tipos distintos de arroz.

PASEO POR GRAMERCY PARK Y FLATIRON

▶ MAÑANA

Si es amante de los libros debe comenzar en el 828 de la calle 12, donde se encuentra **Strand**, la mayor librería de segunda mano de la ciudad. Suba por Broadway y visite el **mercadillo de Union Square** *(ver p. 115)*. Continúe caminando por Broadway hasta llegar a la tienda de deportes **Paragon Sports** *(867 de Broadway con la calle 18)* y **Fishs Eddy** *(889 de Broadway, con la calle 19)* que vende porcelana. La fascinante tienda **ABC Carpet & Home** está en el n° 888 *(ver p. 115)*.

En el **Flatiron Building** gire hacia el este hasta llegar a **Madison Square Park** *(ver p. 115)* y almuerce en el icónico Shake Shack o en el **Eleven Madison Park** *(ver p. 119)*. En **Curry Hill** hay varios restaurantes baratos como Pongal *(110 Lexington Ave)* y el popular Saravanaa Bhavan *(81 Lexinton Ave)*.

TARDE

Antes de abandonar el barrio, puede visitar **Kalustyan's**, (n° 123 de Lexington Ave), un fascinante comercio de especias.

En la **Quinta Avenida**, entre las calles 14 y 23, hay más tiendas, como Free People en el n° 79, Zara en el 101, Lululemon en el 114 y H&M en el 111.

Ponga término a su paseo en **Gramercy Park**. Una vez allí, no pase por alto el "Block Beautiful" de la **calle 19 Este**, conocido sobre todo por sus elegantes casas de la década de 1920.

Ver plano p. 114 ←

Vida nocturna

 Pete's Tavern
PLANO L4 ▪ 129 East 18th St ▪
212 473 7676

Abrió en 1864, famoso por ser el garito que frecuentaba O. Henry; se dice que escribió *El regalo de los Reyes Magos* aquí.

2 Bar Jamón
PLANO M4 ▪ 125 E 17th St con Irving Place ▪ 212 253 2773

Un bar de estilo español con variedad de vinos y jerez, además de tapas. El restaurante hermano, Casa Mono, está al lado.

3 Broken Shaker
PLANO L4 ▪ 23 Lexington Ave ▪ 212 475 1920

Esta avanzadilla de la famosa coctelería de Miami está en la azotea del Freehand Hotel. Fabulosos cócteles y bocados de lujo.

4 Molly's
PLANO L4 ▪ 287 3rd Ave, entre las calles East 22nd y East 23rd ▪ 212 889 3361

Abierto desde la década de 1960. Un pub irlandés de los de siempre, con camareros muy amables.

5 230 Fifth Rooftop Bar
PLANO L3 ▪ 230 Fifth Ave ▪ 212 725 4300w

Este bar con estilo y jardín en la azotea ofrece vistas magníficas del Empire State Building. Entre noviembre y mayo hay "iglúes" con calefacción.

6 SERRA by Birreria
PLANO L3 ▪ 200 5th Ave (Eataly NYC Flatiron) ▪ 212 937 8910

La luminosa azotea de Eataly es en parte cervecería, en parte *trattoria*. El menú cambia con las estaciones, pero siempre es un buen sitio para probar IPAs italianas.

7 Rose Bar
PLANO L4 ▪ Lexington Ave ▪ 212 920 3300

El artista Julian Schnabel contribuyó a rediseñar este bar de lujo en el interior del hotel Gramercy Park. Un lugar de encuentro concurrido para los *after* de la Fashion Week. Exhibe obras de arte en rotación.

8 Dear Irving
PLANO M4 ▪ 55 Irving Place ▪ www.dearirving.com

Esta coctelería inspirada en la película de Woody Allen *Medianoche en París* cuenta con espacios que representan diferentes periodos históricos, como una zona palaciega francesa barroca y una sala inspirada en JFK.

9 Old Town Bar
PLANO L4 ▪ 45 E 18th St, entre Broadway y Park Ave ▪ 212 529 6732

Un bar con mucho ambiente que abrió en 1892. Cuenta con buena parte de su decoración original, incluido un montaplatos ya avejentado y una elegante barra de caoba.

10 Raines Law Room
PLANO M3 ▪ 48 W 17th St, entre la Quinta y la Sexta Avenidas ▪ 212 213 1350

Esta moderna sala de cócteles está escondida en lo que parece ser una casa normal. Hay que llamar a la puerta para entrar.

230 Fifth Rooftop Bar

Restaurantes

1 Maialino
PLANO L4 ■ 2 Lexington Ave
■ 212 777 2410 ■ $$

En honor a su nombre (*maialino*
significa "cerdito" en italiano), esta
trattoria sirve excelentes platos de
cerdo y pasta, como sus cremosos
spaghetti carbonara a la pimienta.

2 Gramercy Tavern
PLANO L4 ■ 42 East 20th St
■ 212 477 0777 ■ $$$

Modesto restaurante con imaginativa
cocina americana que es capaz
de satisfacer a cualquier paladar.
Postres deliciosos (*ver p. 67*).

3 Eleven Madison Park
PLANO L4 ■ 11 Madison Ave
con East 24th St ■ 212 889 0905 ■ $$$

El chef Daniel Humm ha convertido el
Eleven Madison Park en un restaurante
muy *chic* gracias a su nueva cocina
americana que se sirve en un elegante
entorno *art déco* (*ver p. 66*).

4 Tocqueville
PLANO M4 ■ 1 East 15th St,
entre Union Square West y 5th Ave
■ 212 647 1515 ■ $$

El chef de esta escondida joya gastronómica, que también tiene
una carta de vinos premiada, prepara platos franceses con toques
de cocina japonesa.

5 Sugarfish
PLANO L4 ■ 33 East 20th St,
entre Park Ave y Broadway ■ 347 705
8100 ■ $$

Este restaurante de *sushi* de la
alabada cadena con sede en Los
Ángeles y al mando del chef japonés
Kazunori Nozawa sirve salmón, atún,
besugo y jurel ultra frescos.

6 ABC Kitchen
PLANO M4 ■ 35 East 18th St,
entre Park Ave South y Broadway ■
212 475 5829 ■ $$$

Nueva cocina estadounidense en
este establecimiento de lujo dirigido
por el famoso chef francés Jean-
Georges Vongerichten.

7 ABC Cocina
PLANO L4 ■ 38 East 19th St
■ 212 677 2233 ■ $$

Aquí se sirve comida hecha con
ingredientes frescos y un toque lati-
noamericano. Gran carta de tempo-
rada y tapas creativas.

8 Bread and Tulips
PLANO L4 ■ 365 Park Ave
South ■ 212 532 9100 ■ $$

Cordial y pulcro restaurante italiano,
con una fantástica carta de vinos.
Muy valorado en la zona.

Eataly, emporio de la comida italiana

9 Eataly
PLANO L3 ■ 200 5th Ave
■ 212 229 2560 ■ $$

En este emporio italiano hay varias
opciones para comer, desde los pla-
tos del mostrador para llevar hasta
las salas para *gourmets*.

10 Union Square Café
PLANO L4 ■ 101 East 19th St en
Park Ave South ■ 212 243 4020 ■ $$$

El primer y más famoso restaurante
de Danny Meyer ofrece exquisita
comida estadounidense a solo unas
manzanas de donde pasó sus primeros treinta años.

Ver plano p. 114 ←

TOP10 Chelsea y Herald Square

Chelsea ha cambiado mucho. En el siglo XIX era un sitio tranquilo pero no elegante; hoy día es el epicentro de la comunidad LGTBIQ+ de Nueva York y su centro artístico gracias a las galerías de arte. La Sexta Avenida rebosa de grandes almacenes y tiendas de descuento, y los nuevos muelles han transformado la ribera del Hudson. Más al norte, en la calle 27, comienza el Garment District, con Herald Square y Macy's en el centro de la zona más comercial de la ciudad.

Mercadillo de Chelsea

CHELSEA Y HERALD SQUARE

1 Imprescindible
ver pp. 121-213

1 Restaurantes
ver p. 125

1 Galerías de arte
ver p. 124

WEST 35TH STREET

34th St Hudson Yards

WEST 34TH STREET

34th St-Penn Station

WEST 33RD STREET

CALVIN AVENUE

Moynihan Train Hall

Penn Station Madison Square Ga

WEST 29TH STREET

WEST 28TH STREET

Chelsea Park

WEST 27TH STREET

THE HIGH LINE

WEST 26TH STRE

MUELLE 66

TWELFTH AVENUE

ELEVENTH AVENUE

TENTH AVENUE

NINTH AVENUE

EIGHTH AVENUE

MUELLE 64

Chelsea Waterside Park

WEST 24TH STRE

WEST 23RD STREET

23rd St

CHELSEA

MUELLE 62

WEST 21ST STREET

Chelsea Piers

WEST 19TH STREET

MUELLE 61

MUELLE 60

WEST 17TH STREET

MUELLE 59

WEST 15TH STREET

0 metros 250

Tiendas de la Sexta Avenida

1 Compras en la Sexta Avenida

PLANO L3 ■ 6th Ave, West 18th y 23rd Sts

Esta avenida se llamó en tiempos Fashion Row. La fachada de hierro fundido del Hugh O'Neill Dry Goods Store (nº 655-671) evoca la época en que la llegada del ferrocarril elevado proporcionó fácil acceso a la zona. Como la actividad comercial se trasladó al norte, estos palacios de hierro forjado quedaron desiertos a principios del siglo XX, cuando comenzaron a albergar numerosas tiendas de moda y de descuento.

2 Mercadillo de Chelsea

PLANO L3 ■ 29 West 25th St, entre la Quinta y la Sexta Avenida ■ Horario: 8.00-17.00 sá y do ■ Se cobra entrada

Desde 1976, todos los fines de semana y a la sombra de la catedral de St. Sava, se organiza uno de los mercadillos más populares de la ciudad. Más de 60 comerciantes venden ropa, joyería, muebles, arte y *junktiques* (cachivaches). Si se buscan antigüedades hay que ir a The Showplace (horario: 10.00-18.00 lu-vi, 8.30-17.30 sá y do) y al nº 40 de West 25th, con más de 200 galerías repartidas en cuatro plantas.

3 The High Line

PLANO L2-M2 ■ De Gansevoort a 34th Sts ■ Horario: 7.00-22.00 todos los días ■ www.thehighline.org

Lo que antes eran unas vías del tren en desuso cubiertas de maleza ahora es un parque con hierba, árboles y arbustos autóctonos. The High Line, que atraviesa Chelsea y el Meatpacking District, atrae a más de cinco millones de visitantes al año, que acuden a disfrutar de magníficas vistas, hermosos jardines e instalaciones y eventos artísticos.

The High Line

Chelsea Market

4 Chelsea Market

PLANO M2 ■ 75 9th Ave, entre 15th y 16th Sts ■ Horario: 7.00- 2.00 lu-sá, 8.00-22.00 do ■ www.chelseamarket.com

Un destino ineludible para los amantes de la buena comida. Tiene un patio cerrado y un centro comercial, así como las instalaciones de producción de Food Network's TV. Ingredientes gourmet, platos exóticos y encantadores regalos. Vale la pena pasear por las coloridas tiendas de productos artesanales.

5 Chelsea Historic District

PLANO L2 ■ Entre 9th y 10th Aves, 20th y 21st Sts

Clement Moore, autor del poema *A visit from St. Nicholas* (1823), fue responsable del desarrollo de la zona entre 1820 y 1830. Las viviendas de Cushman Row, del nº 406 al 418 de West 20th Street y ejemplos de la arquitectura neoclásica, son las

Chelsea, distrito histórico

mejores de la zona. Las de los números 446-450 son de estilo italianizante, muy presente en Chelsea.

6 Hudson Yards and the Vessel

PLANO L2 ■ West 30th hasta 33rd, entre las avenidas 10 y 11 ■ Vessel: 10.00-21.00 todos los días ■ www.hudsonyardsnew york.com

Inaugurado en 2019, este barrio de rascacielos tiene un centro comercial y el "Vessel" de Thomas Heatherwick, una escalera en espiral de 45 m que ofrece unas vistas espectaculares del río y de la ciudad. Las entradas para el Vessel se pueden adquirir en quioscos o a través de Internet. También es atractivo el Shed, un centro de arte con obras de artistas emergentes, y el Edge, una de las plataformas de observación más altas de Occidente.

7 Rubin Museum of Art

PLANO F3 ■ 150 West 17th St ■ Horario: 11.00-17.00 lu y ju (hasta 21.00 mi), 11.00-21.00 vi (hasta 18.00 sá y do) ■ Se cobra entrada ■ www.rubinmuseum.org

Cuenta con una colección de 2.000 cuadros, esculturas y tejidos del Himalaya, Tibet, India y regiones aledañas. La sala del santuario budista tibetano recrea un verdadero santuario con sus elementos rituales y sus lámparas. Hay una instalación sobre las cuatro principales tradiciones religiosas tibetanas que rota cada dos años. Alberga exposiciones y programas de conciertos y películas. También hay un café con comida del Himalaya.

8 Fashion Institute of Technology (FIT)

PLANO L3 ■ 227 West 27th St con 7th Ave ■ Horario museo: 12.00-20.00 ma-vi, 10.00-17.00 sá ■ www.fitnyc.edu

Fundado en 1944, es un prestigioso instituto que enseña arte, diseño de moda y márketing. Entre sus exalumnos se encuentran Calvin Klein, Norma Kamali y David Chu. Los estudiantes hacen prácticas en las tiendas más importantes de Nueva York. El museo cambia a menudo las exposiciones, basadas en colecciones de ropa de la escuela.

9 Herald Square

PLANO K3 ■ Broadway con 6th Ave

En la década de 1870-1880 fue el núcleo del agitado distrito teatral conocido como The Tenderloin. La Manhattan Opera House fue derribada en 1901 para dar paso al edificio de Macy's, y el mismo destino tuvieron otras tiendas de la zona. El reloj de la isleta de Broadway con la Sexta Avenida es cuanto queda del edificio que fue ocupado por el periódico *New York Herald* hasta el año 1921.

Reloj del Herald Square

10 Macy's

PLANO K3 ■ 151 West 34th St, entre Broadway y 7th Ave ■ Horario: 10.00-22.00 todos los días (hasta las 21.00 do) ■ www.macys.com

El exballenero Rowland H. Macy fundó este establecimiento en 1858 en la Sexta Avenida con la calle 14. La estrella roja corresponde a uno de sus tatuajes, recuerdo de sus días de marino. Entre sus innovaciones en el sector, Macy's introdujo la devolución del dinero si el cliente no estaba satisfecho. La tienda original se vendió en 1888, cuando Macy's se trasladó al edificio actual *(ver p. 70)*.

UN PASEO POR CHELSEA

[Mapa: Macy's, Herald Square, St. John the Baptist Church, The High Line, Fashion Institute of Technology, Empire Diner, Sixth Avenue, Chelsea Historic District, Chelsea Market]

▶ MAÑANA

Comience el paseo en las tiendas que ocupan lo que fue Fashion Row en la **Sexta Avenida** *(ver p. 121)*. Luego camine hacia el oeste por la calle 16 hasta la Novena Avenida y **Chelsea Market**, antigua fábrica de Nabisco en la que se elaboraron las primeras galletas Oreo. Ahora vende alimentos y cuenta incluso con un estudio de televisión del canal Food Network.

Siga por la Novena hasta la calle 20, donde queda la **parte antigua de Chelsea** y The High Line *(ver p. 121)*. Luego continúe hasta las avenidas Décima y Undécima, a la altura de las calles 21 a 27, en Gallery Row, donde se concentran las galerías de arte. Puede comer en **Empire Diner**, un vagón *art déco* que sirve comida exclusiva *(ver p. 125)*.

TARDE

Camine hacia el este por la calle 23 para ver los balcones de hierro fundido del hotel Chelsea. En la Sexta Avenida gire hacia el norte hasta Flower District. En la calle 27, más hacia el oeste, está el **Fashion Institute of Technology,** cuyo museo suele organizar exposiciones interesantes.

Un gran tesoro se oculta en esta zona, la **St. John The Baptist Church** *(210 West 31st St)*, cuya modesta fachada oculta un brillante y gótico interior. Continúe por la calle 34 hasta llegar a **Herald Square** y los grandes almacenes **Macy's**.

Ver plano pp. 120-121 ←

Galerías de arte

Exterior de la galería Gagosian

1 Gagosian
PLANO L2 ▪ 555 y 541 West 24th St y 522 West 21st St ▪ Horario: 10.00-18.00 lu-sá

Una de las primeras firmas en el mundo de las galerías *(ver p. 50)*.

2 Matthew Marks
PLANO L2 ▪ 523 West 24th St entre 10th y 11th Aves; 526 West 22th St entre 10th y 11th Aves ▪ Horario: 10.00-18.00 lu-vi

Un enorme espacio expositivo en Chelsea, con obras a gran escala y arte contemporáneo *(ver p. 51)*.

3 Paula Cooper
PLANO L2 ▪ 524 West 26th St; 521 West 21st St ▪ Horario: 10.00-18.00 ma-sá

Solo por ver este soberbio local vale la pena la visita. Muchas de las obras expuestas son polémicas *(ver p. 51)*.

4 Paul Kasmin
PLANO M2 ▪ 509 West 27th St ▪ Horario: 10.00-18.00 ma-sá

Hijo de un marchante, Kasmin ha dado a conocer a muchos jóvenes talentos *(ver p. 51)*. Artistas señeros como Keeny Scharf, Robert Indiana, Deborah Kass y Barry Flanagan han expuesto en esta galería.

5 Gladstone Gallery
PLANO L2 ▪ 515 West 24th St entre 10th y 11th Aves ▪ Horario: 10.00-18.00 ma-sá

Espectacular escenario para el vídeo y la fotografía de gran formato.

6 David Zwirner
PLANO L2 ▪ 537 West 20th St, entre 10th y 11th Ave ▪ Horario: 10.00-18.00 ma-sá

Destacado en la escena artística neoyorquina, se trasladó a Chelsea desde el SoHo en 2002. Es famoso por exponer obras de Felix González-Torres y Yayoi Kusama.

7 Marlborough Contemporary
PLANO L3 ▪ 545 West 25th St entre 10th y 11th Aves ▪ Horario: 10.00-18.00 ma-sá

Abrió en Nueva York en 1963. Expone pintura y escultura modernas.

8 Hauser & Wirth
PLANO L2 ▪ 542 West 22nd St, entre 10th y 11th Ave ▪ Horario: 10.00-18.00 ma-sá

Esta importante galería con sede central en Suiza fue construida expresamente por Selldorf Architects con 3.345 m^2 de espacio de exposición.

9 Lehmann Maupin
PLANO L2 ▪ 536 West 22nd St entre 10th y 11th Aves ▪ Horario: 10.00-18.00 ma-sá

Una autoridad en el mundo del arte, representa a artistas noveles del *pop art* y sigue a la búsqueda de nuevas tendencias.

Visitantes en Lehmann Maupin

10 Pace Gallery
PLANO L2 ▪ 540 West 25th St ▪ Horario: 10.00-18.00 ma-sá

Galería *top* en la que exponen artistas emergentes.

Restaurantes

1 Da Umberto
PLANO M3 ▪ 107 West 17th St,
entre 6th y 7th Aves ▪ 212 989 0303
▪ $$$

Popular sitio desde hace años por
su sofisticada cocina de la Toscana
y su larga lista de platos del día.

2 Cookshop
PLANO L2 ▪ 156 10th Ave
▪ 212 924 4440 ▪ $$

Rústico restaurante con una carta
basada en productos frescos locales,
desde calamares a la plancha con
alcaparras hasta pasta con coles
de Bruselas y salvia.

Una vinoteca en el Mercado Little Spain

3 Mercado Little Spain
PLANO L2 ▪ 10 Hudson Yards
(105h Ave con 30th St) ▪ 646 495
1242 ▪ $$

Un espacio para comer de temática
española en Hudson Yards. Fue crea-
do por los famosos chefs José Andrés
y los hermanos Ferrán y Albert Adriá.

4 Empire Diner
PLANO L2 ▪ 210 10th Ave en
West wwnd St ▪ 212 335 2277 ▪ $$

La ultima encarnación del clásico
diner art decó está capitaneada
por el chef John DeLucie. El menú
ofrece platos típicos de *diner*
actualizados.

PRECIOS
Una comida de tres platos con un vaso
de vino de la casa (o equivalente), tasas
e impuestos incluidos.
....
$ -25 $ $$ 25–75 $ $$$ +75 $

5 Buddakan
PLANO M2 ▪ 75 9th Ave con
16th St ▪ 212 989 6699 ▪ $$$

Lo mejor de este lugar de moda no
es tanto la comida asiática de fusión
como la decoración.

6 La Nacional
PLANO M3 ▪ 239 West 14th St,
entre 7th y 8th Aves ▪ 212 929. 7873 ▪ $$

Este histórico restaurante español
sirve auténticas tapas a precios
razonables.

7 Hill Country
PLANO L3 ▪ 30 West 26th St
▪ 212 255 4544 ▪ $$

Este local basado en la parrilla es
conocido por sus costillas de vacuno
y sus salchichas. Música en directo
de jueves a sábado por la noche.

8 NoMad
PLANO L3 ▪ 1170 Broadway
▪ 212 796 1500 ▪ $$$

Aquí el chef Daniel Humm prepara
comida europea y americana de gran
nivel, como la sopa minestrone de
langosta o su fabuloso pollo asado.

9 L'Atelier de Joël Robuchon
PLANO M2 ▪ 85 10th Ave
▪ 212 989 8883 ▪ $$$

Abrió en 2017 como escaparate de la
estrella francesa Joël Robuchon.
Dos estrellas Michelin y una barra
con vistas a la cocina abierta.

10 Cho Dang Gol
PLANO K3 ▪ 55 West 35th St,
entre la Quinta y la Sexta Avenida ▪
212 695 8222 ▪ $$

En el corazón de Koreatown, un lugar
famoso por su tofu y sus *jjjgae* (esto-
fados y sopas picantes coreanos).

Ver plano p. 120 ←

™️10 Midtown

**Entrada al
30 Rockefeller
Plaza**

Las luces de Times Square, los chapiteles del Empire State Building y del Chrysler Building, el Rockefeller Center, las tiendas de la Quinta Avenida, los museos, los teatros... todo esto se encuentra en el Midtown de Nueva York. La Quinta Avenida, línea divisoria entre el lado este y oeste de las calles, es en muchos sentidos la arteria principal de Manhattan y muestra la riqueza comercial y arquitectónica de la ciudad. Midtown refleja también la diversidad tan característica de la ciudad, con sitios tan dispares como el Diamond District, las tiendas de descuentos o las señoriales salas de la New York Public Library.

MIDTOWN

- ❶ **Imprescindible** ver pp. 127-129
- ❶ **Restaurantes** ver p. 133
- ❶ **Dónde comprar** ver p. 130
- ❶ **Arquitectura** ver p. 131
- ❶ **Museos y arte** ver p. 132

Luces brillantes y paneles publicitarios de Times Square

1 Times Square

En la intersección de calles más famosa de Nueva York, la deslumbrante Times Square es también un símbolo del animado barrio de los teatros *(ver pp. 28-31)*.

2 Empire State Building

El rascacielos más famoso de la ciudad es un icono de su *skyline*. Desde que finalizó su construcción en 1931, más de 120 millones de visitantes han admirado las vistas de Nueva York desde sus observatorios *(ver pp. 12-13)*.

3 Rockefeller Center

Este complejo es el núcleo de Midtown. Vibrante de actividad de la mañana a la noche, tiene tiendas, jardines, restaurantes, oficinas y excelentes vistas *(ver pp. 16-19)*.

4 Chrysler Building

PLANO K4 ■ 405 Lexington Ave con 42nd St ■ Vestíbulo abierto 8.00-18.00 lu-vi

La reluciente e inconfundible aguja del Chrysler Building es uno de los emblemas de Nueva York. El *hall* modernista, que se utilizó como sala de exposiciones para los coches Chrysler, ha sido restaurado para resaltar sus lujosos mármoles y granitos, así como un techo pintado con escenas de transporte de finales de la década de 1920 *(ver p. 52)*.

5 Grand Central Terminal

PLANO J-K4 ■ 42nd St, entre Park y Lexington Aves ■ Horario: 5.30-2.00 todos los días ■ www.grandcentralterminal.com

Una de las estaciones ferroviarias más grandes del mundo y la más visitada de Nueva York (recibe cada día 500.000 pasajeros). Es, además, un impresionante edificio *beaux arts* *(ver p. 55)*. Gracias a su restauración se ha convertido en uno de los atractivos de la ciudad. En su interior hay muchas tiendas, restaurantes y puestos de comida, así como una parte del New York City Transit Museum.

Reloj de Grand Central Terminal

New York Public Library

New York Public Library
6 PLANO K3 ■ 5th Ave con 42nd St ■ 917 275 6975 ■ Horario: 10.00-18.00 lu, ju-sá, 10.00-20.00 ma y mi, 13.00-17.00 do ■ www.nypl.org

Carrère y Hastings ganaron el concurso para la construcción de este magnífico edificio de estilo *beaux arts*. Destaca sobre todo la Sala de Lectura, un majestuoso espacio forrado de madera con enormes ventanas arqueadas, 18 grandes lámparas de araña y un elaborado techo abovedado. La biblioteca se extiende a lo largo de casi dos manzanas *(ver p. 55)*.

Catedral de San Patricio
7 PLANO J3 ■ 5th Ave, entre 50th y 51st Sts ■ Horario: 6.30-20.45 todos los días ■ www.saintpatrickscathedral.org

La mayor catedral católica de EE.UU. acoge a 3.000 feligreses todos los domingos. Cuando el arzobispo John Hughes decidió construir una catedral en 1850, se criticó la elección de un lugar tan alejado del centro. La previsión de Hughes dio como resultado la iglesia de James Renwick, uno de los mejores monumentos de Manhattan *(ver p. 54)*.

LA QUINTA AVENIDA

La zona más exclusiva de la Quinta Avenida *(ver pp. 14-15)* va desde la Biblioteca Pública de Nueva York, pasando por la catedral de St. Patrick's, hasta la Grand Army Plaza y su enormemente popular Apple Store. Está flanqueada de boutiques elegantes y joyerías como Cartier o Tiffany hasta grandes almacenes como Bergdorf Goodman o Saks.

Sede de la ONU
8 PLANO J5 ■ 1st Ave con 46th St ■ Horario: 9.00-16.30 lu-vi, para visitas guiadas ■ Se cobra entrada ■ www.un.org

John D. Rockefeller Jr. donó 8,5 millones de dólares para comprar los terrenos donde se asienta la Organización de las Naciones Unidas (ONU). El arquitecto Wallace Harrison colaboró con colegas internacionales para crear los llamativos edificios. La ONU se creó en 1945 para trabajar por la paz mundial y el bienestar social y económico. Hoy, 193 miembros se reúnen en su Asamblea General, lo más parecido a un parlamento mundial. Hay visitas guiadas que recorren, entre otros lugares, la Asamblea General y muestran obras de reconocidos artistas como Marc Chagall y Henry Moore.

Sede de la ONU

⑨ Diamond District
PLANO J3 ■ 47th St, entre 5th y 6th Aves

Un anillo de diamantes, expuesto

Las joyas brillan en los escaparates de esta manzana de la calle 47, núcleo del comercio de diamantes de Nueva York. Aquí se concentra el 80% de este negocio en EE.UU. El Diamond District creció en importancia durante la Segunda Guerra Mundial, cuando miles de judíos europeos emigraron a Nueva York huyendo del nazismo para seguir allí con el negocio de los diamantes. Sobre las tiendas se hallan los talleres.

Carnegie Hall

⑩ Carnegie Hall
PLANO H3 ■ West 57th St con 7th Ave ■ Horario museo: med sep-fin jul: 11.00-16.30 todos los días ■ www.carnegiehall.org

La ciudad casi se queda sin su más famosa sala de conciertos cuando la Filarmónica de Nueva York trasladó su sede al Lincoln Center en la década de 1960. Pero un grupo liderado por el violinista Isaac Stern lo salvó de la demolición. Después, el ayuntamiento compró el edificio en 1960 y en 1964 se convirtió en monumento histórico nacional. Tras la remodelación de 1986 recuperó el aspecto original y se modernizaron las instalaciones y los equipos técnicos de la sala (ver p. 54). Los pasillos y el Rose Museum están llenos de recuerdos del mundo de la música (ver p. 54).

UN PASEO POR MIDTOWN

▶ MAÑANA

Comience en la **Morgan Library & Museum** (ver p. 49) y recréese en el opulento estudio de Morgan. Continúe luego por la calle 42 hacia el este para ver **Grand Central Terminal** (ver p. 127). Siga hacia el este por la misma calle y deténgase a ver los hermosos vestíbulos del **Chrysler Building** (ver p. 127), el **Daily News Building** (ver p. 131) y la **Ford Foundation** (ver p. 131). Luego suba las escaleras que conducen al complejo **Tudor City** (ver p. 131).

Ponga fin a la mañana con una visita a la **sede de la ONU**. Si reserva con antelación (212 963 7626), puede almorzar en el comedor destinado a los delegados de la ONU.

TARDE

Vuelva en autobús hasta el cruce de la Quinta Avenida con la calle 42 para visitar la **New York Public Library**. Camine hasta la calle 47 y gire al oeste hasta el **Diamond District**. Luego visite el **Paley Center For Media** (ver p. 132), en la calle 52, entre la Quinta y la Sexta. Vaya al **Museum of Modern Art** (ver p. 48), para tomar algo en la cafetería del museo (segunda planta) y disfrute de las espléndidas exposiciones.

Vuelva a la Quinta Avenida para ver tiendas de parte alta; eche un vistazo a los escaparates de joyas de sitios como **Tiffany and Co.** (ver p. 14), con sus escaparates de joyas, o los estilosos de **Bergdorf Goodman** (ver p. 14). Termine el día en el **Salon de Ning** del Peninsula Hotel (ver p. 69), con unas vistas impresionantes de Central Park.

Ver plano p. 126 ←

Dónde comprar

 Apple Store
PLANO H3 ▪ 767 5th Ave con 59th St

Merece la pena visitar este cubo de cristal de 9,75 m. La zona de tienda del sótano abre las 24 horas.

2 Microsoft Store
PLANO H3 ▪ 677 5th Ave y 53rd St

Tienda principal de la emblemática empresa de *software*, que ahora comercializa sus propios portátiles y tabletas.

3 Nordstrom
PLANO H3 ▪ 225 West 57th St con Broadway

Uno de los establecimientos más atractivos de la ciudad. Cuenta con ropa de diseño y un notable departamento de cosméticos *(ver p. 70)*.

 Tiffany & Co.
PLANO H4 ▪ 727 5th Ave

Inmortalizada en la novela de 1958 *Desayuno con diamantes*, no deben perdérsela los fans del libro y la película. Hasta que concluya su reforma, atenderá a la clientela al lado, en el nº 6 de East 57th Street.

5 Grandes almacenes
PLANO K3-H3 ▪ 5th Ave, entre las calles 38 y 58

Copiosas existencias de hermosas prendas, complementos y joyas esperan se pueden encontrar en Bergdorf Goodman, Saks Fifth Avenue, Lord & Taylor y Bloomingdales.

 Tienda de diseño del Museum of Modern Art
PLANO J3 ▪ 44 West 53rd St, entre 5th Ave y 6th Aves

Lámparas, mobiliario, juguetes, joyas, carteles, libros... Sea lo que sea, puede estar seguro de que dará con el epítome del diseño.

 Tiendas de moda
PLANO H4 ▪ 57th St, entre 5th y Madison Aves

La calle 57 está llena de tiendas de diseño, incluidas las conocidas Burberry, Saint Laurent, Chanel y Dior. Prada se encuentra en el nº 724 de la Quinta Avenida.

8 Harry Winston
PLANO H4 ▪ 701 5th Ave

Probablemente solo podrá contemplar el escaparate. Los diamantes y gemas que Harry Winston ofrece a ricos y famosos tienen unos precios desorbitados.

9 NBA Store
PLANO J3 ▪ 545 5th Ave, con 45th St.

Esta tienda vende ropa deportiva y merchandising de la National Basketbal Association (NBA).

10 Louis Vuitton
PLANO H4 ▪ 1 East 57th St

Quizá la tienda de lujo más llamativa: sus escaparates están decorados con el mismo estampado emblemático que presentan los bolsos.

Saks, Quinta Avenida

Arquitectura

① Lever House
PLANO J4 ■ 390 Park Ave ■ Vestíbulo y plaza abiertos durante las horas de oficina

Edificio de 24 plantas en acero y cristal de Gordon Bunshaft. La primera "caja de cristal" de Nueva York (ver p. 53).

Lever House

② General Electric Building
PLANO H4 ■ 570 Lexington Ave ■ Cerrado al público

Edificio *art déco* de 1931 coronado con una intrincada representación de agujas góticas y ondulaciones que representan las ondas de radio.

③ Chanin Building
PLANO K4 ■ 122 East 42nd St ■ Vestíbulo abierto las horas de oficina

Uno de los primeros rascacielos *art déco* (1929). Notable por su friso de terracota y la franja de bronce que ilustra la teoría de la evolución.

④ NY Yacht Club
PLANO J3 ■ 37 West 44th St ■ Cerrado al público

Las ventanas voladas de este club de 1899 son popas de barcos navegando en un mar de olas esculpidas.

⑤ American Standard Building
PLANO K3 ■ 40 West 40th St ■ Vestíbulo abierto las horas de oficina

El primer rascacielos neoyorquino de Raymond Hood es una torre negra construida en 1924. Hoy es un hotel.

⑥ Fred F. French Building
PLANO J3 ■ 551 5th Ave ■ Vestíbulo abierto las horas de oficina

Este edificio de 1927 es opulento por dentro y por fuera. No se pierda el impresionante vestíbulo.

⑦ 4 Times Square
PLANO J3 ■ 4 Times Square ■ Vestíbulo abierto las horas de oficina

La torre de 48 plantas, construida en 1999 para la editorial Condé Nast, es impresionante y sostenible, con células fotovoltaicas en la fachada y con conductos de reciclaje integrados.

⑧ Tudor City
PLANO J4-K4 ■ 1st hasta 2nd Aves, 40th hasta 43rd Sts ■ Vestíbulo abierto las horas de oficina

Fred F. French se inspiró en el estilo Tudor (década de 1920). Lo diseñó para probar que la vivienda de clase media podía tener éxito en el centro.

⑨ Ford Foundation
PLANO J4 ■ 320 East 43rd St con 1st Ave ■ Vestíbulo abierto 8.00-18.00 lu-vi

Sede de la rama filantrópica de Ford (1967), está considerado uno de los mejores y más modernos edificios de la ciudad. Las oficinas dan a un patio con jardines y un estanque.

⑩ Edificio Daily News
PLANO K4 ■ 220 East 42nd St con 2nd Ave ■ Vestíbulo abierto las horas de oficina

El *Daily News* se ha desplazado a otro edificio, pero este, de 1930, es un clásico del *art déco*. Entre y observe el globo terráqueo dorado.

El planeta, en el Edificio Daily News

Ver plano p. 126 ←

Museos y arte

Morgan Library

1 Morgan Library & Museum

PLANO K4 ■ 225 Madison Ave con 36th St ■ Horario: 10.30-17.00 ma-ju, 10.30-21.00 vi, 10.00-18.00 sá, 11.00-18.00 do ■ www.themorgan.org ■ Se cobra entrada

Libros raros, manuscritos y graba-dos (ver p. 49). El pabellón de hierro y cristal alberga una impresionante sala de espectáculos.

2 Museum of Modern Art

PLANO J3 ■ 11 West 53rd St con 5th Ave ■ Horario: 10.00-17.30 todos los días (hasta 20.00 vi) ■ Se cobra entrada (gratis de 16.00-20.00 vi) ■ www.moma.org

Una amplia colección de pinturas, películas y fotografía (ver p. 48).

3 Japan Society

PLANO J5 ■ 333 East 47th St ■ Horario: 12.00-19.00 ma-ju (hasta 21.00 vi) 11.00-17.00 sá y do ■ www.japansociety.org ■ Se cobra entrada

En esta institución hacen un recorri-do por la cultura japonesa, del arte contemporáneo a la danza Kabuki.

4 Museum of Arts and Design

PLANO H3 ■ 2 Columbus Circle ■ Horario: 10.00-18.00 ma-do (hasta 21.00 ju) ■ www.madmuseum.org ■ Se cobra entrada

La colección permanente incluye 2.000 muestras de cerámica.

5 Marian Goodman Gallery

PLANO H3 ■ 24 West 57th St ■ Horario 10.00-18.00 lu-sá ■ www.mariangoodman.com

Obras de Giovanni Anselmo, Thomas Struth, Steve McQueen y otros se exhiben en este espacio de arte.

6 Paley Center for Media

PLANO J3 ■ 25 West 52nd St, entre 5th y 6th Aves ■ Horario: mediodía-18.00 mi-do (hasta 20.00 ju) ■ Se cobra entrada ■ www.paleycenter.org

Un catálogo con más de 60.000 programas de radio y televisión.

7 Transit Museum Gallery Annex

PLANO K3 ■ Shuttle Passage, Grand Central Terminal ■ Horario: 8.00-20.00 lu-vi, 10.00-19.00 sá-do ■ www.nytransitmuseum.org

Aquí se exponen imágenes y objetos del Brooklyn Museum (ver p. 59).

8 Salas de la New York Public Library

PLANO K3 ■ 5th Ave con 42nd St ■ Horario: 11.00-18.00 ma-mi, 10.00-18.00 ju-sá

Grabados, carteles de época, pintu-ras y exposiciones temporales.

9 Jardín de esculturas en Madison 590

PLANO J3 ■ 590 Madison Ave con 57th St

Atrio de estilo zen en el edificio de IBM, con esculturas rotatorias dentro de sus paredes de cristal.

10 Pace Prints

PLANO H4 ■ 32 East 57th St ■ Horario: 10.00-17.30 ma-vi (hasta 17.00 sá) ■ www.paceprints.com

Galería con obras de los principales artistas contemporáneos.

Restaurantes

PRECIOS
Una comida de tres platos con un vaso de vino de la casa (o equivalente), tasas e impuestos incluidos.

| $ -25 $ | $$ 25–75 $ | $$$ +75 $ |

1 The Palm Court
PLANO H3 ■ The Plaza, 768 5th Ave con Central Park South ■ 212 546 5300 ■ $$$

Bajo una elegante cúpula de cristal con palmeras y mobiliario personalizado. Un lugar emblemático famoso por el té de la tarde.

2 Le Bernardin
PLANO J3 ■ 155 West 51st St con 6th Ave ■ 212 554 1515 ■ $$$

El aclamado chef Eric Ripert hace maravillas en este restaurante con el pescado y el marisco. La experiencia culinaria es pura perfección *(ver p. 66)*.

3 Blue Fin
PLANO J3 ■ 1567 Broadway con 47th St ■ 212 918 1400 ■ $$

Uno de los restaurantes más de moda de esta zona, especializado en platos de pescado, incluido el *sushi* y la comida cruda selecta.

4 Smith & Wollensky
PLANO J4 ■ 797 3rd Ave en East 49th St ■ 212 753 0444 ■ $$$

Para llenarse con un filete de solomillo estilo Picapiedra e irresistibles patatas fritas en un entorno clásico, de suelos de madera y fotografías en blanco y negro de Nueva York.

5 Chef's Table at Brooklyn Fare
PLANO K2 ■149 431 West 37th St, entre la Novena y la Décima Avenida ■ 212 216 9700 ■ $$$

Este alabado restaurante del chef César Ramírez ofrece menús degustación increíbles que combinan sabores japoneses y técnicas francesas.

6 Marea
PLANO H3 ■ Central Park South ■ 212 582 5100 ■ $$$

Cene a base de navajas y lubina o disfrute de la amplia variedad de ostras y *antipasti*. El *brunch* del fin de semana es excelente.

7 Grand Central Oyster Bar & Restaurant
PLANO K4 ■ Grand Central Terminal, nivel inferior, 42nd St con Lexington Ave ■ 212 490 6650 ■ $$

Un clásico de la ciudad de Nueva York. Muy animado, únicamente sirve el marisco más fresco.

Lujosos interiores del Russian Tea Room

8 Russian Tea Room
PLANO H3 ■ 150 West 57th St, en 7th Av ■ 212 581 7100 ■ $$$

Aunque no es tan famoso como su homólogo original, este suntuoso restaurante ruso borda un delicioso *strogonoff* y un espectacular pollo Kiev.

9 The Counter
PLANO K3 ■7 Times Square con 41st St y Broadway ■ 212 997 6801 ■ $

Una cadena innovadora que sirve hamburguesas mejores que las que se sirven en los restaurantes de comida rápida.

10 La Bonne Soupe
PLANO H3 ■ 48 West 55th St, entre 5th y 6th Aves ■ 212 586 7650 ■ $$

Tiene el encanto de un *bistrot* francés y es un lugar estupendo para una comida tras un espectáculo. Las crepes se sirven con ensalada por 19 $.

Ver plano p. 126 ←

🔟 Upper East Side

Estatua de Buda en el Met

La clase pudiente de Nueva York se mudó hace un siglo al Upper East Side. La mayoría de las mansiones *beaux arts* están ocupadas por embajadas y museos, y la élite actual vive en los pisos de lujo de Park Avenue y la Quinta Avenida. En Madison Avenue se encuentran las *boutiques* más exclusivas de la ciudad. Al este de Lexington Avenue quedan algunas iglesias y restaurantes que testimonian el pasado de Yorkville, barrio fundado por emigrantes de Europa del Este. Actualmente, ocupan la zona familias jóvenes. En Upper East Side se encuentran además algunos de los mejores museos de Nueva York.

 Central Park
Diseñado en el siglo XIX, es un espacio natural de 341 hectáreas que proporciona zonas de recreo a más de 40 millones de visitantes cada año. En él hay desde botes de remos y bicicletas en alquiler hasta esculturas *(ver pp. 32-33)*.

2 Metropolitan Museum of Art
Es más un conjunto de museos que uno solo. El Met exhibe más de dos millones de obras que abarcan 5.000 años de cultura global, desde el antiguo Egipto hasta el Afganistán del siglo XX *(ver pp. 34-37)*.

El estanque de Central Park, en otoño

Páginas anteriores, vista aérea nocturna de los rascacielos de Manhattan

Guggenheim Musseum

3 Solomon R. Guggenheim Museum

El único edificio neoyorquino de Frank Lloyd Wright, con un espectacular diseño en espiral, que alberga una notable colección de arte contemporáneo *(ver pp. 38-39).*

4 Museum Mile
PLANO D4–F4 ■ 5th Ave desde 82nd hasta 104th Sts ■ Los horarios varían

Hay ocho museos en una sola milla (1,6 km). Se unen para una jornada de puertas abiertas un martes del mes de junio. Participan el Ukranian Institute of America, Metropolitan Museum of Art *(ver pp. 34-37)*, Africa Center, Cooper-Hewitt, Smithsonian Design Museum, Solomon R. Guggenheim Museum *(ver pp. 38-93)*, Jewish Museum, Neue Galerie, Museum of the City of New York *(ver p. 49)* y El Museo del Barrio. La Quinta Avenida se cierra al tráfico y hay actuaciones.

UPPER EAST SIDE

1 Imprescindible
ver pp. 136-139

1 Restaurantes
ver p. 141

1 *Boutiques* de Madison Avenue
ver p. 140

⑤ Neue Galerie

PLANO E4 ■ 1048 5th Ave con East 86th St ■ Horario: 11.00-18.00 ju-lu ■ Se cobra entrada ■ www.neuegalerie.org

Dedicado al arte de principios del siglo XX en Austria y Alemania, es un museo encantador ubicado en una mansión de 1914. Fue la residencia neoyorquina de Grace Vanderbilt y su marido, el millonario Cornelius Vanderbilt III, y el edificio se convirtió en museo en gran medida gracias a los esfuerzos de los coleccionistas de arte Sabarsky y Ronald S. Lauder. La atracción principal de la galería es el cuadro de Gustav Klimt *Retrato de Adele Bloch-Bauer I* (1907).

⑥ Roosevelt Island

PLANO H5 ■ Teleférico cada 15 min desde Tram Plaza, 2nd Ave con 59th St

Un trayecto en teleférico de cuatro minutos conduce a esta isla del East River, antaño conocida como Welfare Island (isla del bienestar), cuando albergaba una prisión, un hospicio y un hospital. En la década de 1970, la isla (60 hectáreas) cambió de nombre y se inició un plan llevado a cabo por Philip Johnson y John Burgee para convertirla en zona residencial, habiéndose construido ya más de 3.000 viviendas. Desde Manhattan se puede llegar en metro. El único acceso por carretera es desde Queens.

Teleférico a Roosevelt Island

CATEDRAL ORTODOXA RUSA DE SAN NICOLÁS

Un inesperado rincón de Rusia construido en 1902 en un estilo barroco moscovita, con fachada de ladrillo rojo, piedra blanca y azulejos amarillos y azules. El interior tiene columnas de mármol y un altar con iconostasios. La misa es en ruso. La catedral está situada en el n° 15 de la calle 97 Este.

⑦ Park Avenue Armory

PLANO G4 ■ 643 Park Ave con 66th St ■ 212 616 3930 ■ Abierto sólo para los actos públicos ■ El Horario de las visitas guiadas varía, consultar web ■ armoryonpark.org

Los eminentes miembros del Séptimo Regimiento, fundado en 1806, construyeron un arsenal entre 1877 y 1889, con una sala de 60 por 90 m y 30 m de altura. Las oficinas están en un edificio en forma de fortaleza medieval. Las salas en el interior de la fortaleza están decoradas con lujoso mobiliario victoriano. En la sala principal se organiza una feria de antigüedades en enero. A raíz del proyecto de reforma de 150 millones de dólares hoy este espacio alberga arte que se sale de lo convencional.

⑧ Frick Madison

PLANO G4 ■ 945 Madison Ave con East 75th St ■ Los horarios varían, consultar página web ■ Se cobra entrada ■ www.frick.org

Esta llamativa colección de arte *(ver p. 49)* del magnate del acero Henry Clay Frick se exhibirá en el Breuer Building hasta, al menos, finales de 2023. La mayor parte de la colección ha sido ingeniosamente expuesta en tres plantas. La segunda alberga pinturas holandesas y flamencas; entre ellas *Oficial y niña riendo*, de Vermeer, en la Sala 6, y un *Autorretrato* y *El jinete polaco* de Rembrandt, en la Sala 4. En la Sala 2 hay dos obras famosas de Hans Holbein el Joven. En la tercera planta está el *San Jerónimo* de El Greco y la obra maestra de Giovanni Bellini, *San Francisco en el desierto*, mientras que la cuarta planta exhibe obras maestras del impresionismo y el retratismo británico.

⑨ Gracie Mansion y Carl Schurz Park

PLANO E5 ■ **East End Ave con 88th St** ■ **212 639 9675** ■ **Excursiones gratuitas 10.00, 11.00 y 17.00 lu** ■ **www1.nyc.gov**

La casa de madera construida en 1799 por el comerciante Archibald Gracie fue la sede original del Museum of the City of New York y se convirtió en residencia oficial del alcalde Fiorello LaGuardia en 1942. Está en el extremo norte de un parque construido en 1891, con un ancho paseo marítimo que se extiende a lo largo del East River. Carl Schurz fue un estadista y editor de prensa que vivió en el barrio.

Gracie Mansion

⑩ Mount Vernon Hotel Museum y los jardines

PLANO H5 ■ **421 East 61st St, entre 1st y York Aves** ■ **Horario: 11.00-16.00 ma-do, cerrado festivos** ■ **Se cobra entrada** ■ **www.mvhm.org**

Fue la casa de carruajes de una mansión de 1799. Cuando se incendió en 1826, la casa se convirtió en posada y se transformó en un lugar muy atractivo para los neoyorquinos, que hacían escapadas al campo. El edificio y el jardín fueron restaurados por las Colonial Dames of America en 1939.

UN PASEO POR UPPER EAST SIDE

▶ MAÑANA

Comience en el **Solomon R. Guggenheim Museum** *(ver p. 137)* y admire el magnífico edificio de Frank Lloyd Wright antes de ver las colecciones de arte moderno. No se pierda *París a través de una ventana*, de Chagall, *Desnudo*, de Modigliani, y *Mujer planchando*, de Picasso. Puede tomarse un café en el museo.

Vaya hacia el este por la calle 92. En los números 120 y 122 hay dos casas de 1859 y 1871. Siga hacia el este hasta **Gracie Mansion** y **Henderson Place** *(East End Ave, entre las calles 86 y 87)* y descanse en el parque **Carl Schurz Park** con vistas al río. Coja un taxi o el metro y cargue las pilas en **Serendipity 3** *(ver p. 141)*, famoso por sus pequeñas raciones y sus postres.

TARDE

Camine hasta Madison Avenue y diríjase hacia el norte, con numerosas tiendas de moda. En las bocacalles hay mansiones de algunos neoyorquinos eminentes. Visite la **Frick Madison** y tome un café en alguna cafetería de Madison Avenue. De forma alternativa, puede recibir otra dosis de arte en la coqueta **Neue Galerie** de la Quinta Avenida.

Puede pasar el resto de la tarde en el magnífico **Metropolitan Museum of Art** *(ver p. 136)* y observar con detenimiento el *Autorretrato* de Rembrandt, *Los cipreses* de Van Gogh, y los estudios de Miguel Ángel para la Capilla Sixtina. Termine el día con una agradable cena en el restaurante **Erminia** *(ver p. 141)*.

Ver plano p. 137 ⬅

'Boutiques' de Madison Avenue

1 Bottega Veneta
PLANO G4 ▪ 740 Madison Ave, entre 64th y 65th St.

La primera de las exclusivas *boutiques* de la avenida. Destaca principalmente por sus elegantes bolsos, zapatos y moda.

2 Carolina Herrera
PLANO G4 ▪ 954 Madison Ave con East 75th St

Ropa maravillosamente confeccionada lista para llevar, fragancias y complementos de la célebre diseñadora de moda venezolano-estadounidense.

3 Valentino
PLANO G4 ▪ 821 Madison Ave con 69th St

Lujosos diseños a precios desorbitantes. Seguramente habrá visto alguno en la ceremonia de los Oscar.

4 Giorgio Armani
PLANO G4 ▪ 760 Madison Ave con 65th St

La sede en Nueva York del maestro italiano conocido por sus magníficos diseños. Hay una amplia exposición de sus creaciones.

5 Ralph Lauren
PLANO G4 ▪ 867 Madison Ave con 72nd St

Este establecimiento se encuentra en una mansión que se remonta a 1898. Al otro lado de la calle está el local dedicado a las prendas deportivas de esta misma firma.

Boutique de Dolce & Gabbana

6 Dolce & Gabbana
PLANO G4 ▪ 820 Madison Ave, entre 68th y 69th Sts

Local de la famosa firma italiana, donde se puede ver a algunos famosos. Tiene decoración llamativa, toda en color negro.

7 John Varvatos
PLANO F4 ▪ 765 Madison Ave, con East 66th St

Ropa casual favorecedora y trajes del diseñador estadounidense de ropa masculina John Varvatos. También venden cuero, zapatillas de deporte, bolsos y fragancias.

8 Jimmy Choo
PLANO H4 ▪ 699 Madison Ave, entre East 62nd y East 63rd Sts

Déjese caer para buscar zapatos con estilo para hombre o mujer en esta tienda de un diseñador británico (ahora propiedad de Michael Kors). También hay carteras, bolsos y gafas de sol de primera línea.

9 Schutz
PLANO H4 ▪ 655 Madison Ave en 60th St

Emblemática tienda estadounidense de esta marca brasileña de lujo famosa por su colorido calzado y complementos femeninos, desde taconazos hasta deportivas con alza.

10 Vera Wang
PLANO F4 ▪ 991 Madison Ave con 77th St

La tienda insignia de esta diseñadora de trajes de novia también vende ropa y accesorios.

Fachada de Ralph Lauren

Restaurantes

PRECIOS
Una comida de tres platos con un vaso de vino de la casa (o equivalente), tasas e impuestos incluidos.

$ -25 $ $$ 25–75 $ $$$ +75 $

1 Daniel
PLANO G4 ■ 60 East 65th St con Park Ave ■ 212 288 0033 ■ $$$

Un comedor lleno de flores constituye el escenario donde Daniel Boulud sirve su exquisito menú francés de temporada *(ver p. 66)*.

2 Serendipity 3
PLANO H4 ■ 225 East 60th St ■ 212 838 3531 ■ $$

Famoso por sus postres, incluidos los helados con crema, es el lugar ideal para celebrar eventos familiares o de pareja.

3 Café d'Alsace
PLANO F4 ■ 1695 2nd Ave con 88th St ■ 212 722 5133 ■ $$

Postre en Serendipity 3

Encantador *bistrot* que combina cocina regional francesa y cocina contemporánea neoyorquina. Ofrece un menú de precio fijo y una amplia selección de cervezas al mediodía.

4 Café Boulud
PLANO G4 ■ 20 East 76th St con Madison Ave ■ 212 772 2600 ■ $$$

Desde que abrió Daniel *(más arriba)*, el primer restaurante de Boulud se ha hecho más informal. No obstante, la carta de vinos y el menú francés son exquisitos. Terraza en verano.

5 Toloache
PLANO F4 ■ 166 East 82nd St ■ 212 861 4505 ■ $$

Este animado restaurante sirve una espectacular cocina mexicana, desde guacamole cremoso y ceviches fuertes y picantes hasta unos tacos que rebosan camarones o pollo a la parrilla y se presentan cubiertos de salsa.

6 Erminia
PLANO F4 ■ 250 East 83rd St, entre 2nd y 3rd Aves ■ 212 879 4284 ■ $$

Un pequeño y romántico restaurante italiano con recetas clásicas. La cálida decoración, con vigas en el techo y velas en las mesas, hace que esté muy concurrido el día de san Valentín.

7 Uva
PLANO F4 ■ 1486 2nd Ave, entre 77th y 78th Sts ■ 212 472 4552 ■ $$

Una vinoteca íntima y acogedora con genuina cocina italiana a precios razonables. Es un buen lugar para los amantes del vino de la ciudad.

8 Orsay
PLANO G4 ■ 1057 Lexington Ave con 75th St ■ 212 517 6400 ■ $$

Esta *brasserie* francesa es acogedora y siempre está llena. Sirve auténtica comida tipo *brasserie*. Ambiente francés con paneles de caoba y lámparas *art nouveau*.

9 The Meatball Shop
PLANO F4 ■ 1462 2nd Ave con 76th St ■ 212 257 6121 ■ $$

Aviso a los amantes de las albóndigas: este lugar tan acogedor las sirve de todas las formas posibles, incluidas las cubiertas con salsa de tomate, crema de queso parmesano, salsa de setas o pesto.

10 E. J.'s Luncheonette
PLANO G4 ■ 1271 3rd Ave con 73rd St ■ 212 472 0600 ■ No admite tarjetas ■ $

Ambiente familiar y raciones generosas de cocina americana para el desayuno. Tortitas a cualquier hora del día, cereales y fruta fresca.

Ver plano p. 137

🔟 Upper West Side

Esta zona no empezó a desarrollarse hasta la década de 1870, cuando se construyó el tren elevado de la Novena Avenida, que permitía su comunicación con el Midtown. En 1884 se construyó el Dakota, el primer edificio de pisos de lujo, al que siguieron muchos otros en Central Park West y Broadway. Las calles, sin embargo, están llenas de casas de piedra. El West Side es un barrio residencial con magníficos edificios de viviendas. La creación del Lincoln Center en la década de 1960 supuso un gran impulso para la zona. El fantástico American Museum of Natural History también es una atracción.

Monumento a los soldados y marineros

1 American Museum of Natural History

Este gigantesco museo incluye más de 32 millones de objetos y especímenes *(ver pp. 40-43)*.

2 Lincoln Center for the Performing Arts

PLANO G2 ■ desde Columbus hasta Amsterdam Aves, entre 62nd y 66th Sts ■ Visitas guiadas dos veces al día ■ Se cobra entrada

Contruido sobre un terreno de 6 hectáreas durante la década de 1960 *(ver p. 62 y 63)*, transformó los barrios marginados en un gigantesco complejo cultural que alberga la Metropolitan Opera, el New York City Ballet, la New York Philharmonic, los teatros Vivian Beaumont y Walter Reade, las salas de conciertos de

Lincoln Center for the Performing Arts

David Geffen y Alice Tully y la Julliard School. En verano organiza el festival Mostly Mozart, que ofrece conciertos gratuitos en el parque anejo. La sede de Jazz at Lincoln Center se encuentra en el edificio de Time Warner en Columbus Circle.

3 New York Historical Society

PLANO G2 ■ 170 Central Park West en West 77th St ■ Horario: 10.00-18.00 ma-sá (hasta 20.00 vi), 11.00-17.00 do ■ Se cobra entrada ■ www.nyhistory.org

Fundado en 1804, es el museo más antiguo de la ciudad. En 2011 reabrió sus puertas después de tres años de reformas. El museo cuenta con más de 40.000 objetos, entre los que se incluyen cuadros, esculturas, mobiliario, plata, herramientas y una colección de lámparas Tiffany. Otras galerías del museo se usan para exposiciones temporales. Cuenta también con una biblioteca y una galería para niños.

4 Columbus Circle

PLANO H2 ■ Columbus Circle

Uno de los mayores proyectos arquitectónicos de la historia de Nueva York ha transformado esta plaza antes descuidada en un importante espacio público. La reforma ha atraído a empresas nacionales e internacionales, como el gigante de la comunicación Time Warner, que tiene su sede en un rascacielos de 80 plantas. El edificio alberga tiendas, espacios de ocio, restaurantes y el hotel Mandarin Oriental. También acoge el Jazz at Lincoln Center, el primer centro de arte dedicado al jazz. Otros edificios de Columbus Circle son The Museum of Arts and Design, el Central Park Information Kiosk y el USS Maine Monument.

Rascacielos detrás de Columbus Circle

UPPER WEST SIDE

0 metros 500

Joan of Arc Park

Jacqueline Kennedy Onassis Reservoir

HENRY HUDSON PARKWAY 94

Hudson River

HENRY HUDSON PARKWAY 9A

FREEDOM PL

WEST END AVENUE

BROADWAY

AMSTERDAM AVENUE

COLUMBUS AVENUE

CENTRAL PARK WEST

RIVERSIDE DRIVE

EDGAR ALLAN POE ST

WEST 96TH ST — 96th St M

WEST 94TH ST
WEST 93RD ST

86th St M — 86TH ST TRANSVERSE ROAD

81st St-Museum of Natural History

WEST 86TH ST
WEST 84TH ST

WEST 81ST STREET M

WEST 79TH ST — 79TH ST TRANSVERSE ROAD

The Great Lawn

Turtle Pond

The Ramble

WEST 78TH ST

UPPER WEST SIDE

VERDI SQUARE

72nd St M

WEST 72ND ST
WEST 71ST STREET

WEST 69TH ST

66th St-Lincoln Center

LINCOLN SQUARE

WEST END AVENUE

AMSTERDAM AVENUE

WEST 60TH STREET

WEST 58TH STREET

Central Park Lake

Cherry Hill

72ND ST TRANSVERSE RD

Sheep Meadow

Central Park

65TH ST TRANSVERSE RD

(EIGHTH) AVE

72nd St M

① **Imprescindible**
ver pp. 142-145

① **Restaurantes**
ver p. 147

① **Viviendas**
ver p. 146

Pomander Walk

5 Pomander Walk

PLANO E2 ■ 261-7 West 94th St, entre Broadway y West End Ave

Esta doble hilera de pequeñas casas de ladrillo, estuco y madera de inspiración Tudor, ocultas en una calle privada, es una de las muchas sorpresas arquitectónicas que se pueden descubrir en Manhattan. El promotor, Thomas Healy, se inspiró en el decorado de una popular obra teatral de Lewis Parker, titulada *Pomander Walk*, para recrear el ambiente del pueblo de la comedia romántica. Entre los intérpretes que han habitado estas casas se encuentran Gloria Swanson, Rosalind Russell y Humphrey Bogart.

6 Riverside Drive and Park

PLANO C1-E1 ■ Parque: horario: 6.00-1.00 todos los días

Riverside Drive es una de las calles más atractivas de la ciudad por sus deliciosas vistas sombreadas del Hudson. Está flanqueada por lujosas casas de finales del siglo XIX, además de por algunos modernos edificios de apartamentos. Riverside Park, una franja silvestre de verde diseñada por Frederick Law Olmsted, acompaña al Riverside Drive durante 70 manzanas y presume de campos de juego y deporte, un paseo y unos cuantos monumentos. Es uno de los únicos ocho "puntos de referencia pintorescos" de la ciudad.

7 American Folk Art Museum

PLANO G2 ■ Lincoln Square (Columbus Ave, con la 66th St) ■ Horario: 11.30-19.00 ma-ju y sá, 12.00-19.30 vi (hasta 18.00 do) ■ www.folkartmuseum.org

El museo dedicado al estudio de la cultura *folk* estadounidense se ubica convenientemente frente al Lincoln Center. Fundado en 1961, el museo *(ver p. 49)* cuenta con 7.000 obras de arte del siglo XVIII a la actualidad. Son piezas significativas como colchas de colores, retratos y obras de artistas contemporáneos autodidactas. Merecen la pena las acuarelas de Henry Danger y las crónicas urbanas de Ralph Fasinella.

8 Children's Museum of Manhattan

PLANO F2 ■ 212 West 83rd St con Broadway ■ Horario: 10.00-17.00 ma-do (hasta 19.00 sá) ■ Se cobra entrada ■ www.cmom.org

Fundado en 1973 en un antiguo colegio, se trata de un museo dedicado a que los niños aprendan a través del autodescubrimiento. La gama de actividades que el museo ofrece incluye algunas que despiertan la curiosidad de los niños más mayores y otras como "Aventuras con Dora y Diego" que divierten a la par que enseñan sobre animales y sus hábitats a niños de dos a seis años *(ver p. 58)*.

Riverside Park

ARQUITECTURA

Las calles más tranquilas de la zona están jalonadas de las típicas casas *(brownstones)* que habitaba la clase media en el Nueva York del siglo XIX. Construidas con piedra arenisca de color marrón de la zona, son edificios de tres o cuatro plantas a los que se accede mediante una escalera *(stoop)* que conduce de la calle a las viviendas.

9 Zabar's
PLANO F2 ▪ 2245 Broadway con 80th St

Una institución desde 1934 y además un monumento a la afición neoyorquina por disfrutar de los mejores alimentos. Esta exquisita tienda siempre llena de gente vende salmón ahumado, esturión y *delicatessen* judías; un pan maravilloso, postres, cafés y quesos; una gran selección de aceites, vinagres, aceitunas y cestas de regalo. En la segunda planta hay accesorios de cocina y en la calle 80 hay una cafetería que ofrece deliciosos postres, bocadillos, cafés y batidos.

Mostrador de exquisiteces en Zabar's

10 Grand Bazaar NYC
PLANO F2 ▪ 100 West 77th St con Columbus Ave ▪ Horario:10.00-17.30 do

Todos los domingos, en este patio de escuela se organiza un mercadillo con todo tipo de artículos: ropa *vintage*, libros, bisutería, grabados y objetos de recuerdo. En los días de mayor actividad hay más de 300 puestos. El mercadillo dedicado a la alimentación comparte el mismo espacio en los días laborables y merece la pena echarle un ojo.

UN PASEO POR WEST SIDE

Zabar's
American Museum of Natural History
Apthorp Apartments
New York Historical Society
Loeb Boathouse
Hudson River
Ansonia Hotel
Central Park
Lincoln Center

▶ MAÑANA

Comience en el **Lincoln Center** *(ver p. 142)* y admire la plaza, los ventanales de Chagall del Metropolitan Opera House y la estatua de Henry Moore frente al Vivian Beaumont Theater. La New York Public Library for the Performing Arts, situada en Amsterdam Avenue, por detrás del teatro, es notable por su enorme colección de libros sobre las artes escénicas.

Camine hacia el norte por Broadway. Contemple los escaparates y magníficos edificios como el **Ansonia Hotel** *(ver p. 146)* y los **Apthorp Apartments** *(ver p. 146)*. Casi cualquier calle adyacente mostrará ejemplos de casas de piedra arenisca. El West Side es famoso por sus palacios gastronómicos, como Fairway, en la calle 74, o **Zabar's**. Para comer, acuda a Zabar's Café para tomar un delicioso *smoothie* y un *panini* a la parrilla.

TARDE

En el **American Museum of Natural History** *(ver pp. 40-43)* puede pasarse la tarde entera, y la **New York Historical Society** *(ver p. 142)* cuenta con una magnífica colección.

Baje por Central Park West y admire los **edificios de apartamentos** *(ver p. 146)*, luego entre en **Central Park** *(ver pp. 32-33)*, el enorme pulmón verde de la ciudad. Alquile un bote o una góndola en el lago y póngale un final perfecto a la tarde tomando algo de beber en **Loeb Boathouse** *(ver p. 69)*.

Ver plano p. 143 ←

Viviendas

The Dakota, hogar de John Lennon

① The Dakota
PLANO G2 ■ 1 West 72nd St con Central Park West ■ Cerrado al público

El edificio donde vivió y fue asesinado John Lennon. Se cree que el edificio se llama Dakota porque se encontraba en el lado más oeste en 1884.

② Dorilton
PLANO G2 ■ 171 West 71st St con Broadway ■ Cerrado al público

Un ejemplo de la era *beaux arts*. Construido en 1902, tiene una puerta de hierro digna de un palacio.

③ Ansonia
PLANO G2 ■ 2109 Broadway, entre 73rd y 74th Sts ■ Cerrado al público

Este apartahotel del siglo XX tiene habitaciones que aíslan del ruido, lo que ha atraído a una clientela de músicos.

④ Apthorp
PLANO F2 ■ 2211 Broadway, entre 78th y 79th Sts ■ cerrado al público

Inspirado en un palacio renacentista, este edificio de 1908 ocupa una manzana y tiene un patio interior.

⑤ Belnord
PLANO F2 ■ 225 West 86th St, con Amsterdam Ave ■ Cerrado al público

Es incluso más grande que el Apthorp y tiene también un patio interior. Este edificio renacentista de 1908 fue el lugar donde vivió y escribió el premio Nobel de Literatura Isaac Bashevis Singer.

⑥ Majestic

PLANO G2 ■ 115 Central Park West, entre 71st y 72nd Sts ■ Cerrado al público

El primero de los edificios firmados por el arquitecto Irwin Chanin en 1931 y una de las cuatro torres que dominan la silueta del West Side.

⑦ Century
PLANO H2 ■ 25 Central Park West, entre 62nd y 63rd Sts ■ Cerrado al público

El segundo edificio de Irwin Chanin consta de 30 pisos y es el más alto de la manzana. Un icono del *art déco*.

⑧ San Remo

PLANO G2 ■ 145-6 Central Park West, entre 74th y 75th Sts ■ Cerrado al público

Obra maestra del *art déco* construida en 1930 por el arquitecto Emery Roth. Es una adaptación de las formas renacentistas. Las torres gemelas ocultan depósitos de agua.

Torres gemelas de San Remo

⑨ Eldorado
PLANO E2 ■ 300 Central Park West, entre 90th y 91st Sts ■ Cerrado al público

Otro diseño *art déco* de Emery Roth. En él vivieron las celebridades Groucho Marx y Marilyn Monroe.

⑩ Hotel des Artistes
PLANO G2 ■ West 67th St, entre Central Park West y Columbus Ave ■ Cerrado al público

Construido en 1918, contaba con viviendas y estudios con ventanas de doble altura para los artistas. En él han vivido, entre otros muchos, Noël Coward e Isadora Duncan.

Restaurantes

PRECIOS

Una comida de tres platos con un vaso de vino de la casa (o equivalente), tasas e impuestos incluidos.

$ -25 $	$$ 25–75 $	$$$ 75 $

1 Jean-Georges
PLANO H2 ▪ 1 Central Park West, Trump International Hotel ▪ 212 299 3900 ▪ $$$

Restaurante homónimo de Jean-Georges Vongerichten. Es uno de los mejores de Nueva York *(ver p. 66)*.

2 Per Se
PLANO H2 ▪ Time Warner Center, Columbus Circle ▪ 212 823 9335 ▪ $$$

Conviene reservar con antelación en este aclamado restaurante propiedad del conocido restaurador Thomas Keller *(ver p. 67)*.

3 Shun Lee West
PLANO G2 ▪ 43 West 65th St ▪ 212 769 3888 ▪ $$

Elegante restaurante chino de líneas puras negras y blancas. Este *dim sum* café es uno de los mejores del norte de Chinatown.

Linterna del Shun Lee West

4 Covacha
PLANO F2 ▪ 368 Columbus Ave, entre calles West 77th y West 78th ▪ 212 712 2929 ▪ $$

Saboree especialidades mexicanas como fajitas o tacos en este animado lugar y riéguelos con intensos cócteles margarita.

5 Mermaid Inn
PLANO F2 ▪ 570 Amsterdam Ave ▪ 212 799 7400 ▪ $$

Es el mejor restaurante para tomar marisco y pescado, el favorito de todo el mundo. Pruebe los fines de semana el *brunch*, que incluye la popular tabla de pescado ahumado y el "casi famoso" panecillo de langosta.

6 Boulud Sud
PLANO F4 ▪ 20 West 64th St ▪ 212 595 1313 ▪ $$$

Daniel Boulud celebra la cocina mediterránea en este elegante restaurante, con platos como pulpo a la parrilla con almendras Marcona.

Pulpo a la plancha en Boulud Sud

7 Rosa Mexicano
PLANO H2 ▪ 61 Columbus Ave con 62nd St ▪ 212 977 7700 ▪ $$

Una sucursal de uno de los más populares restaurantes mexicanos de la ciudad, famoso por su guacamole elaborado en el momento y sus margaritas.

8 Café Luxembourg
PLANO G2 ▪ 200 West 70th St con Amsterdam Ave ▪ 212 873 7411 ▪ $$$

Bistrot parisino con clientela moderna. El *steak-frites* es exquisito.

9 Jacob's Pickles
PLANO F2 ▪ 509 Amsterdam Ave, entre West 84th y 85th Sts ▪ 212 470 5566 ▪ $$

Disfrute de la clásica comida del sur, como los crepes y el pollo frito, además de pepinillos agrios, en este magnífico restaurante del Upper West Side.

10 Gennaro
PLANO E2 ▪ 665 Amsterdam Ave, entre 92nd y 93rd Sts ▪ 212 665 5348 ▪ No admite tarjetas ▪ $$

Auténtica comida italiana como sus sabrosas pastas o la pierna de cordero a la brasa. Llegue temprano para evitar colas.

Ver mapa p. 143 ←

🔟 Morningside Heights y Harlem

La zona entre Morningside Park y el río Hudson está dominada por la Columbia University y dos importantes iglesias. Extendiéndose hacia el norte se encuentra Harlem, la comunidad afroamericana más famosa. Familias irlandesas, italianas y judías ocuparon casas grandes aquí en la década de 1880, pero en la década de 1920 predominaron las familias negras. El renacimiento de Harlem, cuando floreció la cultura artística e intelectual negra, finalizó con la Depresión. Sin embargo, un programa de desarrollo está dando nueva vida a la zona.

Estatua de St. John the Divine

1 Columbia University

PLANO C3 ■ West 116th St con Broadway ■ www.columbia.edu

Una de las universidades más antiguas de Estados Unidos, célebre por sus facultades de derecho, medicina y periodismo. Fundada con el nombre de King's College en 1754, en 1897 se trasladó a su ubicación actual. Diseñada por el arquitecto *beaux arts* Charles McKim, cuya obra incluye otros edificios como la Low Memorial Library y St. Paul's Chapel, con tres vidrieras de La Farge.

2 Cathedral Church of St. John the Divine

PLANO C3 ■ 1047 Amsterdam Ave con 112th St ■ Horario: 7.30-18.00 todos los días

■ www.stjohndivine.org

Diócesis episcopaliana de Nueva York cuya construcción comenzó en 1892 y aún no ha acabado. Es una de las mayores catedrales del mundo, con más de 180 m de largo y 96 m de ancho. Mezcla los estilos románico y gótico, y en ella destacan la fachada oeste, el rosetón, los altares y la Peace Fountain. Imparten talleres para jóvenes desfavorecidos sobre las técnicas medievales de tallado de piedra usadas en el edificio (ver p. 54).

St. Paul's Chapel, Columbia University

③ Riverside Church

PLANO C1 ■ 490 Riverside
Drive, entre 120th y 122nd Sts
■ **Horario: 7.00-22.00 todos los días**
■ **www.theriversidechurchny.org**

Riverside Church

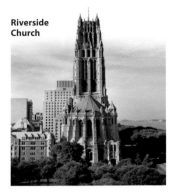

Esta altísima iglesia neogótica,
financiada por John D. Rockefeller
en 1930 tiene un campanario de 21
plantas con maravillosas vistas. El
campanario tiene un carillón dedicado a la madre de Rockefeller. Las
vidrieras son copias de la catedral de
Chartres con cuatro excepciones: las
vidrieras flamencas de principios del
siglo XVI situadas en el muro este.

MORNINGSIDE HEIGHTS Y HARLEM

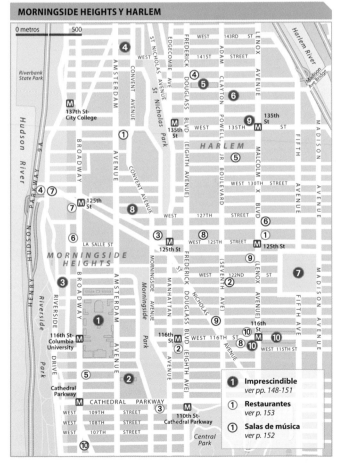

	Imprescindible
❶	ver pp. 148-151
①	Restaurantes ver p. 153
①	Salas de música ver p. 152

Hamilton Heights Historic District

④ Hamilton Heights Historic District
PLANO A2 ▪ West 141 St con West 145th St

Esta zona fue parte de las propiedades rurales de gente como Alexander Hamilton, cuya casa, Hamilton Grange (1802), está sobre una colina que domina Harlem. La situación cambió con la llegada del ferrocarril elevado en la década de 1880. Se levantaron magníficas residencias entre 1886 y 1906 que en las décadas de 1920 y 1930 atrajeron a la élite de Harlem. Entre los vecinos que residían en el barrio se encontraban el juez de la Corte Suprema Thurgood Marshall y los músicos Count Basie, Duke Ellington y Cab Calloway.

⑤ St. Nicholas Historic District ('Strivers' Row')
PLANO A3 ▪ 202-250 West 138th St, entre Powell y Frederick Douglass Blvds

Casas elegantes que fueron llamadas *King Model Houses*, erigidas en 1891, cuando en Harlem vivía la alta burguesía. Tres arquitectos, entre ellos McKim, Mead y White, mezclaron los estilos neorrenacentista, georgiano y victoriano para crear un conjunto armonioso. Los afroamericanos de éxito, como el congresista Adam Clayton Powell Jr. *(ver p. 47)*, se trasladaron aquí en las décadas de 1920 y 1930, y de ahí el nombre de *Strivers' Row* (viviendas de los esforzados).

⑥ Abyssinian Baptist Church
PLANO A3 ▪ 132 West 138th St, con Powell Blvd ▪ Servicios religiosos do a las 11.00 ▪ www.abyssinian.org

Una de las iglesias afroamericanas más antiguas del país. Cobró forma en 1808 gracias a un grupo de protestantes de la iglesia baptista. La congregación se hizo muy activa políticamente (en 1908), bajo la dirección de líderes como el congresista Adam Clayton Powell, Jr. Actualmente, la iglesia es muy popular por su coro de góspel.

Abyssinian Baptist Church

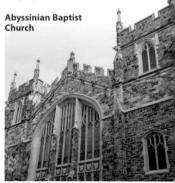

⑦ Marcus Garvey Park
PLANO B3 ▪ West 120th con West 124th Sts, entre Malcolm X Blvd y 5th Ave

Marcus Garvey alentó la emigración a África y fue un héroe del movimiento Black Pride (Orgullo negro). En 1973, se cambió el nombre del parque para honrar su memoria. Está junto al Mount Morris Historical District, con casas e iglesias anteriores, de cuando llegaron a la zona judíos alemanes. En la década de 1920, al convertirse Harlem en barrio afroamericano, las sinagogas se transformaron en iglesias y se dividieron las viviendas.

Studio Museum 127

8 Studio Museum 127

PLANO B2 ■ 429 West 127th St ■ Horario: mediodía-18.00 ju-do ■ Se aceptan donativos ■ www. studiomuseum.org

Inaugurado en 1967 como estudio artístico, se amplió para convertirse en un centro de trabajo para artistas negros. El edificio principal situado en el 144 West 125th St., inaugurado en 1982, se encuentra en proceso de renovación y es probable que permanezca cerrado hasta 2023. Visite su sala temporal, Studio Museum 127, para ver su nuevas exposiciones.

9 Schomburg Center for Research in Black Culture

PLANO A3 ■ 515 Malcolm X Blvd con 135th St ■ Horario: mediodía-20.00 ma-ju, 10.00-18.00 vi y sá

Inaugurado en 1991, alberga el mayor centro de investigación de la cultura africana y afroamericana de Estados Unidos. La colección fue reunida por Arthur Schomburg. En el edificio original se reunían los autores del renacimiento literario negro de la década de 1920; hoy alberga un teatro y dos galerías de arte.

10 Masjid Malcolm Shabazz/Harlem Market

Mezquita: PLANO C3; 102 West 116th St; abierta previa cita ■ Mercado de Harlem: PLANO C3; 52-60 West 116th St, entre 5th Ave y Malcolm X Blvd; Horario: 10.00-21.00 todos los días

En la mezquita Malcolm Shabazz predicó Malcolm X y la zona se ha convertido en centro de una activa comunidad musulmana. En el cercano mercado de Harlem se vende arte africano, muñecas y grabados.

UN PASEO POR HARLEM Y MORNINGSIDE HEIGHTS

▶ MAÑANA

Comience a última hora de la mañana del domingo y tome las líneas 2 o 3 de metro hasta la calle 135 y Lenox Avenue también conocida como Malcolm X Boulevard. Camine hasta Odell Clark Place y gire hacia el oeste para escuchar el coro de la **Abyssinian Baptist Church.**

Continúe hacia el oeste por esta calle para ver las casas de **St. Nicholas Historic District** y deténgase en la Octava Avenida para disfrutar de un *brunch* en **Londel's** *(ver p. 152).*

TARDE

Vuelva a Lenox Avenue y vaya a la calle 125 para ver tiendas. Gire al oeste hacia el **Apollo Theater** *(ver p. 152)* y la exposición de arte afroamericano del **Studio Museum 127**. Después, tome un café en **Like It Black** *(409 West 125th St).*

Camine o tome el autobús M60 desde la calle125 con Amsterdam Avenue hasta la calle 120 Oeste con Broadway. Acérquese a pie a **Riverside Church** *(ver p. 149)* y suba al campanario con vistas al río Hudson. Al otro lado de la calle está el monumento al presidente Ulysses S. Grant. Vaya hasta Broadway por la calle 120 para llegar a **Columbia University** *(ver p. 148).* A una manzana al este de Amsterdam Avenue está la **Cathedral Church of St. John the Divine** *(ver p. 148).* Termine probando una comida en **Miss Mamie's** *(ver p. 153)* y vuelva a Broadway para tomar la línea 1 del metro y regresar al centro de Manhattan.

Ver plano p. 149 ←

Salas de música

Auditorio Harlem Stage

1 Harlem Stage
PLANO A2 ■ Campus del City College, 150 Convent Ave con West 135th St
Sede de festivales de *jazz*, de ballet, danza moderna, ópera y del festival de cine de Harlem Stage.

2 Paris Blues
PLANO C2 ■ 2021 Adam Clayton Powell, Jr. Blvd
Abierto desde 1968, este local es uno de los preferidos del barrio y ofrece *jazz* en vivo todas las noches.

3 Showman's Jazz Club
PLANO B2 ■ 375 West 125th St, entre St. Nicholas y Morningside Dr
Un club donde el *jazz* y el *blues* en directo es el reclamo principal y donde los clientes son tan geniales como la música.

4 Londel's
PLANO A3 ■ 2620 Frederick Douglass Blvd (8th Ave), entre West 139th y 140th Sts
Parte del nuevo Harlem con un ambiente muy refinado: camareros con esmoquin, deliciosa comida sureña y buen *jazz* en directo los fines de semana.

5 Bill's Place
PLANO B3 ■ 148 West 133rd St
Este local de Harlem fue modelo de los bares clandestinos de la zona. Tocan grandes bandas de *jazz* con el saxofonista Bill Saxton, los viernes y sábados a las 20.00 y 22.00. El alcohol no está permitido en el interior.

6 Sylvia's
PLANO B3 ■ 328 Malcolm X Blvd, entre West 126th y 127th Sts
Sylvia Woods fundó este restaurante de comida tipo *soul food* en 1962. Se llena por completo para el góspel *brunch* de los sábados y los domingos. Siempre merece la pena.

7 Cotton Club
PLANO B2 ■ 656 West 125th St con Riverside Dr
Los días de Duke Ellington y Cab Calloway pasaron y la ubicación ha cambiado, pero el famoso club de 1920 está recuperando su esplendor.

El famoso Apollo Theater

8 Apollo Theater
PLANO B3 ■ 253 West 125th St, entre 7th y 8th Aves
El más famoso de Harlem. Aquí triunfaron Ella Fitzgerald y James Brown.

9 Minton's Playhouse
PLANO C4 ■ 206 West 118th St
El *bebop* nació en este legendario club que cuenta con un equipo nocturno de *jazz*, además de cocteles y cocina sureña de The Cecil Steakhous, que está al lado.

10 Smoke
PLANO D2 ■ 2751 Broadway con West 106th St
Los amantes de la música se reúnen aquí para oír a los mejores intérpretes de *jazz* los fines de semana.

Restaurantes

PRECIOS
Una comida de tres platos con un vaso de vino de la casa (o equivalente), tasas e impuestos incluidos.

$ -25 $ $$ 25–75 $ $$$ +75 $

1 Red Rooster
PLANO B3 ■ 310 Malcolm X Blvd ■ 212 792 9001 ■ $$

El conocido chef Marcus Samuelsson trae el estilo de Downtown a Harlem. Un público ecléctico que disfruta de una buena carta que hace honor a la cocina original de la zona.

2 BLVD Bistro
PLANO C2 ■ 2149 Frederick Douglass Blvd ■ 212 678 6200 ■ $$

Una vinoteca y restaurante donde relajarse. Disfrute de platos tradicionales americanos con un alma diferente, como el pollo frito y el mero con costra de harina de maíz.

3 Miss Mamie's Spoonbread Too
PLANO D2 ■ 366 Cathedral Pkwy (West 110th St.) entre Manhattan Ave y Columbus Ave ■ 212 865 6744 ■ $$

Animada cafetería de cocina sureña dirigida por Norma Jean Darden. Tan buena que ha atraído a personajes como el expresidente estadounidense Bill Clinton.

4 Dinosaur Bar-B-Que
PLANO B1 ■ 700 West 125th St con Riverside Dr ■ 212 694 1777 ■ $$

Las raciones generosas están a la altura en esta barbacoa de estilo bar de carretera. Tiene una amplia selección de cervezas para acompañar a las carnes ahumadas.

5 Tom's Restaurant
PLANO C2 ■ 2880 Broadway ■ 212 864 6137 ■ $$

Inmortalizado en la serie de televisión *Seinfeld* y en *Tom's Diner* de Suzanne Vega, este restaurante es popular por su platos clásicos a buen precio.

6 Pisticci
PLANO B1 ■ 125 La Salle St, entre Broadway y Claremont Ave ■ 212 932 3500 ■ $$

Acogedor restaurante italiano que sirve platos de pasta.

7 Jin Ramen
PLANO B1 ■ 3183 Broadway, entre Tiemann Pl y 125th St ■ 646 559 2862 ■ $$

Restaurante japonés famoso por sus cuencos de *ramen*, sabrosos bollos de cerdo y otras especialidades.

8 Le Baobab
PLANO C3 ■ 120 West 116th St con Lenox Ave ■ 212 864 4700 ■ No admite tarjetas ■ $$

La cocina senegalesa y la cuenta resultan aquí muy agradables.

9 Harlem Shake
PLANO D2 ■ 100 West 124th St ■ 212 222 8300 ■ $

Jugosas hamburguesas, perritos calientes de carne de verdad y batidos en este divertido restaurante.

10 Amy Ruth's
PLANO C3 ■ 113 West 116th St, entre A. C. Powell y Malcolm X Blvds ■ 212 280 8779 ■ $$

Café animado con un menú de clásicos sureños. Los gofres (*waffles*) son una de las especialidades.

Interior de Amy Ruth's

Ver plano p. 149 ←

🔟 Las afueras

Manhattan es uno de los cinco condados de Nueva York, cada cual con su peculiar atractivo. Brooklyn, con sus casas típicas y numerosos lugares de interés, sería por sí solo una de las ciudades más grandes de Estados Unidos. El Bronx, al norte, cuenta con el New York Botanical Garden, el Bronx Zoo y el Yankee Stadium, mientras que

Queens, un crisol de nacionalidades, es famoso por sus museos, restaurantes internacionales y acontecimientos deportivos. El ferri a Staten Island conduce al único municipio histórico de Nueva York que se ha restaurado.

Unisphere, Flushing Meadows-Corona Park

OTROS DISTRITOS

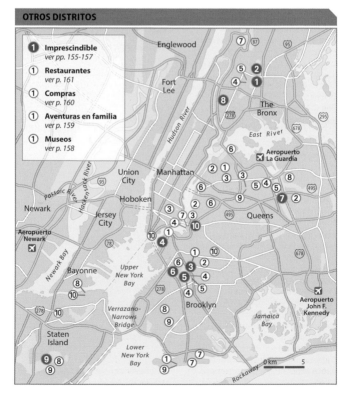

1 **Imprescindible**
ver pp. 155-157

1 **Restaurantes**
ver p. 161

1 **Compras**
ver p. 160

1 **Aventuras en familia**
ver p. 159

1 **Museos**
ver p. 158

El JungleWorld tropical en el Bronx Zoo

① Bronx Zoo

Bronx River Parkway y Boston Rd, Bronx ■ metro (2, 5) West Farms Square/East Tremont Ave ■ Horario: abr-oct: 10.00-17.00 lu-vi, 10.00-17.30 sá, do, y festivos; nov-mar: 10.00-16.30 todos los días ■ Se cobra entrada ■ www.bronxzoo.com

Abierto en 1895, este inmenso zoo es uno de los mejor gestionados del país. Además de la exposición *Madagascar!* y el *JungleWorld*, los visitantes pueden ver de cerca a los animales en Tiger Mountain y en el Congo Gorilla Forest de 2,6 hectáreas, que imitan a la selva africana. A los niños les encanta el Bug Carousel y el Children's Zoo.

② New York Botanical Garden

Bronx River Parkway y Kazimiroff Blvd, Bronx ■ Metro (B, D, 4) Bedford Park Blvd ■ Horario: 10.00-18.00 ma-do (hasta 17.00 ene-feb) ■ Se cobra entrada ■ www.nybg.org

Uno de los jardines botánicos más grandes y antiguos del mundo. Este monumento histórico nacional ocupa una superficie de 101 hectáreas y contiene 50 jardines y colecciones de plantas, así como 20 hectáreas del bosque que en su día cubrió Nueva York. En el Enid A. Haupt Conservatory, un invernadero restaurado de la época victoriana, se cultivan plantas de las junglas tropicales y aquellas que sobreviven en la aridez del desierto. Se ofrecen visitas guiadas e itinerarios en tranvía. Puede reponer fuerzas o comprarse un recuerdo en el Levy Visitor Center.

③ Brooklyn Botanic Garden

900 Washington Ave, Brooklyn ■ Metro (2, 3) Eastern Pkwy ■ Horario: mar-oct: 8.00-18.00 ma-vi, 10.00-18.00 sá, do, y festivos; nov-feb: 8.00-16.30 ma-vi, 10.00-16.30 sá, do, y festivos ■ Se cobra entrada (gratis ma y sá por la mañana) ■ www.bbg.org

Este jardín de 21 hectáreas lo diseñaron los hermanos Olmsted en el año 1910 y contiene más de 12.000 especies. Se le conoce por los Cranford Rose Gardens, y en ellos el visitante puede envolverse en la fragancia de miles de rosales elegantemente dispuestos a lo largo sus arcos y celosías. También hay un jardín japonés de 1915 en el que se organiza cada año un festival de los cerezos en flor, como es costumbre en ese país. No se pierda la colección de bonsáis, plantas tropicales y desérticas del Steinhardt Conservatory.

New York Botanical Garden, Bronx

④ Brooklyn Heights, Historic District

Court St to Furman St, entre Fulton y State Sts ■ Metro (2, 3) Clark St

Este distrito con vistas al East River y al horizonte urbano del Lower Manhattan constituye, sin duda, un enclave que rebosa el encanto del viejo mundo. Todavía se conservan en él las casas de ladrillo, las callejuelas empedradas de hace casi 200 años y las grandes mansiones de estilo griego.

Soldiers' and Sailors' Arch, entrada principal de Prospect Park, Brooklyn

5 Prospect Park
Entre Eastern Pkwy y Parkside Ave, Brooklyn ▪ Metro (2, 3) Grand Army Plaza

Frederick Olmsted y Calvert Vaux consideraban este parque como su obra maestra, concluida en 1867. Con sus 36 hectáreas, Long Meadow es la mayor zona verde de la ciudad. Los estanques y sauces llorones del Vale of Cashmere son magníficos, como también lo son Vaux's Oriental Pavilion y Concert Grove.

RUTA POR LA CUNA DEL *HIP HOP*

Nueva York es la patria del *hip hop*. A mediados de la década de 190 emergió esta escena en el Bronx con pioneros como DJ Kool Herc. El famoso grupo de Run-DMC **(abajo)** se fundó en Queens, mientras que Fab Five Freedy era de Brooklyn. Hush Hip Hop Tours *(www. hushtours.com)* gestiona la "Ruta por la cuna del *Hip Hop*" por Harlem y el Bronx.

6 Park Slope, Historic District
Prospect Park West con 8th Ave, entre 14th St y St. John's Pl, Brooklyn ▪ Metro (F) 7th Ave

Estos bloques de Prospect Park comenzaron a habitarse a partir de la construcción del puente de Brooklyn en 1883. Las viviendas de piedra rojiza de finales del siglo XIX y principios del XX dan buena muestra del románico richardsoniano y del estilo Reina Ana estadounidense.

7 Flushing Meadows-Corona Park
Queens ▪ Metro (7) 111th St, Willets Pt-Shea Stadium

El recinto que acogió dos exposiciones universales es ahora un parque con zonas para hacer pícnic, campos de críquet y fútbol, rutas para ciclistas y patinadores y lagos para pasear en barca. El estadio de los New York Mets, el U.S. Tennis Center, el New York Hall of Science y el Queens Museum of Art están próximos. El Unisphere, símbolo de la exposición universal de 1964, aún se conserva.

8 Yankee Stadium
East 161st St & River Ave, Bronx ▪ Metro (B, D, 4) 161st St Yankee Stadium ▪ Horarios variables ▪ Se cobra entrada

Catedral del béisbol terminada en 1923 y conocida hasta el año 2008 como "La casa que levantó Ruth" en recuerdo de Babe Ruth, leyenda de este deporte, como también lo fueron, entre otros, Joe DiMaggio y Mickey Mantle. El nuevo estadio de los Yankees está al otro lado de la calle y comprende Monument Park, donde se exponen las estatuas de los mejores beisbolistas de la historia.

⑨ Historic Richmond Town
441 Clarke Ave, Staten Island
■ Autobús S74 desde el ferri ■
Horario: 12.00-17.00 mi-do; visitas 13.30 entre semana, 13.30 y 15.00 fines de semana ■ Se cobra entrada
■ www.historicrichmondtown.org

Este pueblo restaurado conserva 29 edificios de Richmond, sede gubernativa de Staten Island desde el año 1729. El edificio de estilo holandés Voorlezer's House, que se remonta a 1695, está considerado como la vivienda más antigua de la isla y conserva su emplazamiento original.

Bar del Wythe Hotel, en Williamsburg

⑩ Williamsburg
Bedford Ave, Brooklyn
■ Metro J, M, Z a Marcy Ave y G a Metropolitan Ave; autobús B39 o B61

Hasta la llegada de artistas desde Manhattan en la década de 1990, esta comunidad se componía mayoritariamente de judíos jasídicos, de puertorriqueños y de italianos. El centro de Williamsburg se sitúa en Bedford Avenue donde podrá encontrar tiendas de moda, bares y restaurantes. Algunos de sus atractivos son la catedral rusa ortodoxa de la transfiguración, la Brooklyn Brewery, Smorgasburg o el mercadillo de Brooklyn *(ver p. 70)*. También destaca como entorno para el rock *indie*.

DE PASEO POR BROOKLYN

▶ MAÑANA

Tome la línea 2 o 3 del metro hacia Eastern Parkway – Brooklyn Museum si desea visitar el **Brooklyn Museum** *(ver p. 49)*. El museo forma parte de un complejo que incluye la Grand Army Plaza, el **Brooklyn Botanic Garden** *(ver p. 155)*, con su famoso jardín japonés, y el **Prospect Park** adyacente.

En el extremo occidental de Prospect Park podrá encontrar el precioso **Park Slope Historic District**. Si le apetece un café, vaya a **Gorilla Coffee** *(472 Bergen St)*, antes de admirar los edificios históricos. A lo largo de de la Quinta Avenida se puede ir de compras, parar para comer o tomarse algo en alguna cafetería.

TARDE

Regrese en tren a Borough Hall y diríjase a **Brooklyn Heights Historic District** *(ver p. 155)*. Observe las viviendas del siglo XIX de las calles Pierrepont, Willow y Cranberry; Truman Capote escribió *Desayuno con diamantes* en el sótano del número 70 de Willow y Arthur Miller tuvo una casa en el número 155.

Si camina hacia el este dará con **Atlantic Avenue** *(ver p. 160)*. Las tiendas de especias son de gran interés; además, puede beber algo en el **Long Island Bar** *(110 Atlantic Ave)*. Vuelva al **Puente de Brooklyn** y haga una parada en **Brooklyn Heights Promenade** para disfrutar de las vistas de las torres de Lower Manhattan. Cene en el romántico **River Café** *(ver p. 161)*.

Ver plano p. 154 ←

Museos

1 **Brooklyn Museum**
200 Eastern Parkway, Brooklyn ■ Metro (2, 3) Eastern Pkwy ■ Horario: 11.00-18.00 mi-do (hasta 22.00 ju); 11.00-23.00 1er sá mes (excepto sep) ■ se cobra entrada

La colección permanente tiene de todo, desde objetos del Antiguo Egipto a arte contemporáneo (ver p. 49).

2 **Noguchi Museum**
9-01 33rd Rd at Vernon Blvd, Queens ■ Autobús 103 hasta Vernon Blvd ■ Horario: 10.00-17.00 mi-vi, 11.00-18.00 sá y do ■ Se cobra entrada

Trece salas y un sereno jardín japonés de esculturas.

3 **Museum of the Moving Image**
6-01 35th Ave at 37th St, Queens ■ Metro (M, R) Steinway St ■ Horario: 10.30-17.00 mi-ju (hasta 20.00 vi), 10.30-18.00 sá y do ■ Se cobra entrada (gratis 16.00-20.00 vi)

Los artefactos y proyecciones muestran la historia y las técnicas del cine y la televisión.

4 **New York Hall of Science (NYSCI)**
47-01 111th St, Queens ■ metro (7) 111th St ■ Horario: 9.30-17.00 lu-vi, 10.00-18.00 sá y do ■ Se cobra entrada (gratis 14.00-17.00 vi y 10.00-11.00 sá)

Un museo de ciencia y tecnología con exposiciones sobre el color, la luz y la física, y juegos al aire libre.

5 **Queens Museum**
New York City Building, Queens ■ Metro 111th St ■ Horario: 11.00-17.00 mi-do ■ Se cobra entrada

Exposiciones de arte y piezas de Exposiciones Universales. Exhibe una maqueta de Nueva York con más de 800.000 edificios.

6 **MoMA PS1**
22-25 Jackson Ave con 46th Ave, Queens ■ Metro (E, V) 23rd St-Ely Ave ■ Horario: mediodía-18.00 ju-lu ■ Se cobra entrada

Expone arte contemporáneo y proporciona estudios a los artistas.

7 **Van Cortlandt House Museum**
Van Cortlandt Park, Broadway y West 246th St, Bronx ■ Metro (1) 242nd St ■ Horario: 10.00-16.00 ma-vi, 11.00-16.00 sá y do; últimas entradas 30 min antes del cierre ■ Se cobra entrada (gratis mi)

Casa georgiana restaurada de 1748.

8 **Jacques Marchais Museum of Tibetan Art**
338 Lighthouse Ave, Staten Island ■ Autobús S74 desde el transbordador ■ Horario: 13.00-17.00 mi-do ■ Se cobra entrada

Una colección de arte tibetano en un edificio de estilo himalayo.

9 **Historic Richmond Town**
441 Clarke St, Staten Island ■ Autobús S74 desde el transbordador ■ Horario de apertura variable ■ Se cobra entrada

El museo es uno de los 27 edificios que constituyen el pueblo-museo.

10 **Snug Harbor Cultural Center**
1000 Richmond Terrace, Staten Island ■ Autobús S40 desde el transbordador ■ Horario de apertura variable ■ Se cobra entrada

Jardines chinos, centro artístico, museo infantil y colección náutica.

Hall of Science

Aventuras en familia

(1) New York Aquarium
Surf Ave y West 8th St,
Brooklyn ■ metro (F, Q) W 8th St
■ Horario: abr-may y sep-oct: 10.00-
16.00 lu-vi (hasta 16.30 sá y do);
jun-ago: 10.00-18.00 todos los días
(último acceso 17.00); nov-mar:
10.00-15.30 todos los días ■ Se cobra
entrada
Recreaciones de hábitats y más de
350 especies en este acuario.

Brooklyn Children's Museum

(2) Brooklyn Children's Museum
145 Brooklyn Ave con St. Marks Pl,
Brooklyn ■ metro (3) Kingston
■ Horario: 10.00-17.00 ma-do (hasta
18.00 ju); gratis 14.00-18.00 cada ju
■ Se cobra entrada
Fundado en 1899, sus exposiciones y
recursos han informado y
entretenido a un sinfín de niños.

(3) New York Transit Museum
99 Schermerhorn St, Brooklyn
■ Metro (4, 5) Borough Hall
■ Horario: 10.00-16.00 ma-vi, 11.00-
17.00 sá y do ■ Se cobra entrada ■
www.nytransitmuseum.org
Traza la evolución de la red de transporte público de la ciudad. El museo *(ver p.
59)* ofrece exposiciones interactivas.

(4) Prospect Park Carousel
Prospect Park, Brooklyn
■ Metro (B, Q) Prospect Park ■
Horario: abr-oct: mediodía-17.00 sá,
do, y festivos (hasta 18.00 jul-ago)
■ Atracción 2,50 $
Carrusel de Coney Island (1912),
trasladado aquí en 1950.

(5) Lefferts Historic House
Prospect Park, Brooklyn
■ metro (B, Q) Prospect Park ■
Horario: abr-jun y sep-oct: 12.00-
16.00 ju-do; jul y ago: 12.00-18.00
ju-do; nov-dic: 12.00-15.30 sá y do
Peculiar granja holandesa del siglo
XVIII que muestra la vida rural.

(6) Puppetworks
338 6th Ave at 4th St, Brooklyn
■ Metro (F) 7th Ave (Brooklyn)
■ El horario puede variar ■ Se cobra
entrada, se requiere hacer reserva
Representaciones de marionetas
de clásicos de la literatura infantil.

(7) Sheepshead Bay Fishing Boats
Emmons Ave, Brooklyn ■ Metro
(B, Q) hasta Sheepshead Bay ■ Salida
de barcos 6.30-9.00, 13.00, y 19.00, o
se puede alquilar ■ Se cobra entrada
Una flota pesquera lleva a los pasajeros a hacer viajes de día y de noche.

(8) Staten Island Children's Museum
1000 Richmond Terrace, Staten
Island ■ Autobús S40 desde el
transbordador ■ Los horarios varían,
consultar página web ■ Se cobra
entrada ■ www.sichildrensmuseum.org
Una marsopa mecánica da la bienvenida a este museo interactivo para niños.

(9) Luna Park
1000 Surf Ave, Coney Island
■ metro (D, F, N, Q) Coney Island-
Stillwell Ave ■ Los horarios varían,
consultar página web ■ Se cobra
entrada ■ www.luna parknyc.com
Un parque de atracciones legendario
con aparatos emocionantes, como la
montaña rusa Cyclone.

(10) Staten Island Ferry
Autobús hasta St. George
Terminal, Staten Island ■ Barcos cada
15 min-1 h, 24 horas, todos los días
desde Whitehall y South Sts
Gratuito *(ver p. 72)*. Los autobuses de
la terminal de St. George van a los
lugares de interés de Staten Island.

Ver plano p. 154 ←

De compras

(1) Broadway, Astoria
Broadway, Astoria, Queens
■ Metro (N, Q) Broadway

Astoria tiene la mayor comunidad griega fuera de Grecia, con restaurantes, cafeterías y panaderías en Broadway.

(2) Main Street, Flushing
Main St, Flushing, Queens
■ Metro (7) Main St

El barrio chino de Flushing cuenta con establecimientos de regalos, herbolarios y acupuntura, además de panaderías y restaurantes. En la biblioteca Queensborough se pueden encontrar libros en 40 idiomas.

(3) 74th Street, Jackson Heights
74th St, Jackson Heights, Queens
■ Metro (E, F, R) Roosevelt Ave

Las tiendas de la comunidad india de Nueva York están llenas de joyas y saris. Las tiendas de alimentación rebosan de especias.

(4) Arthur Avenue, Bronx
Arthur Ave, Bronx ■ Metro (4) Fordham Rd

En este barrio italiano, decenas de pequeñas tiendas familiares venden desde vinos italianos, pastas artesanas y salchichas hasta rosarios y velas votivas.

Tienda italiana, Arthur Avenue

(5) Roosevelt Avenue, Jackson Heights
Jackson Heights, Queens ■ Metro (E, F, R) Roosevelt Ave

Muy cerca de la calle 74 hay altavoces que emiten música latinoamericana, puestos de churros y tiendas en las que se puede encontrar música, sombreros y piñatas.

(6) Nassau Avenue, Greenpoint
Nassau Ave, Greenpoint, Brooklyn
■ Metro (G) Nassau

Las tiendas de la mayor comunidad polaca del país rebosan de *kielbasas* caseras (salchichas), *babkas* (tortas), figuras de santos, libros y música.

(7) Brighton Beach Avenue, Brooklyn
Brighton Beach Ave, Brooklyn
■ Metro (B, Q) Brighton Beach

En Little Odessa, donde la lengua materna es el ruso, se vende de todo: desde peces hasta *matrioscas*.

(8) 13th Avenue, Borough Park
13th Ave, Borough Park, Brooklyn
■ Metro (D) 55th St

La calle principal de la mayor comunidad de judíos ortodoxos de América, llena de tiendas de artículos religiosos, pasteles y ropa de cama.

(9) 18th Avenue, Bensonhurst
18th Ave, Bensonhurst, Brooklyn
■ Metro (D) 18th Ave

Aunque la comunidad italiana ha dado paso a otras nacionalidades, en esta calle se pueden encontrar tiendas con comida tradicional italiana.

(10) Atlantic Avenue, Brooklyn
Atlantic Ave, Brooklyn ■ Metro (R) Court St

Este núcleo comercial de Oriente Medio ofrece *baklava* y una gran variedad de aceitunas, frutos secos y especias.

Restaurantes

River Café, bajo el puente de Brooklyn

PRECIOS

Una comida de tres platos con un vaso de vino de la casa (o equivalente), tasas e impuestos incluidos.

| $ 25 $ | $$ 25–75 $ | $$$ +75 $ |

(1) River Café
1 Water St, Brooklyn ■ Metro (A, C) High St ■ 718 522 5200 ■ **Los hombres deben llevar chaqueta después de las 17.00** ■ $$$

Langosta, pato y marisco son algunas de las especialidades de este hermoso local.

(2) Paulie Gee's
60 Greenpoint Ave, metro Brooklyn (G) Greenpoint Ave ■ 347 987 3747 ■ $$

Paulie Giannone ofrece algunas de las mejores pizzas de Nueva York. Pruebe la "Hellboy" elaborada con mozzarella fresca, tomate, soppressata picante, Parmigiano-Reggiano, y miel con infusión de chili.

(3) Peter Luger Steak House
178 Broadway, Brooklyn ■ Metro (J, M, Z) Marcy Ave ■ 718 387 7400 ■ No admite tarjetas ■ $$$

Los mejores filetes de ternera de Nueva York en un local parecido a una cervecería. Es necesario reservar.

(4) Smorgasburg
East River State Park, 90 Kent Ave; Prospect Park, Breeze Hill ■ www.smorgasburg.com ■ $

Este gran mercado de alimentos al aire libre tiene más de 100 tentadores puestos en Williamsburg los sábados y en Prospect Park, los domingos.

(5) Dominick's Restaurant
2335 Arthur Ave, Bronx ■ Metro (D) Fordham Road ■ 718 733 2807 ■ No admite tarjetas ■ $$

Comida casera italiana del sur. No hay menú; pida su plato favorito o confíe en la elección del camarero.

(6) Agnanti
19-06 Ditmars Blvd, Queens ■ Metro (N, Q) Ditmars Blvd-Astoria ■ 718 545 4554 ■ $$

Comida griega en este encantador local que cuenta con una terraza fresca y agradable para el verano.

(7) Marlow & Sons
81 Broadway, Brooklyn ■ Metro (7) Main St ■ 718 384 1441 ■ $$

Menú con acento mediterráneo servido en un extravagante local.

(8) Joe's Shanghai
136-21 37th Ave, Queens ■ Metro (7) Main St ■ 718 539 3838 ■ No admite tarjetas ■ $$

Famoso por sus albóndigas de cerdo o cangrejo y por sus bollos al vapor.

(9) Jackson Diner
37-47 74th St, Queens ■ Metro (E, F, G, R, V) Roosevelt Ave ■ 718 672 1232 ■ No admite tarjetas ■ $$

El restaurante indio más famoso de la zona. Obligatorio probar los curris.

(10) Denino's Pizzeria
524 Port Richmond Ave, Staten Island ■ Autobús SIM3 ■ 718 442 9401 ■ No admite tarjetas ■ $$

La pizzería predilecta en Staten Island desde 1937. Pruebe el pastel de almejas o el de "restos" (salchicha, albóndigas, pepinillo, champiñón y cebolla).

Ver plano p. 154

Datos útiles

Taxis amarillos en la Octava Avenida

Cómo llegar y moverse

Llegada en avión

Es aconsejable llegar con tiempo al aeropuerto, tanto a la ida como a la vuelta, por las colas que producen los controles de seguridad. Los dos principales aeropuertos internacionales de la ciudad son el **John F. Kennedy International** (JFK) y el **Newark Liberty International** (EWR). También operan vuelos domésticos. El tercer aeropuerto por tráfico aéreo es el de **LaGuardia** (LGA), aunque se centra en vuelos domésticos.

El trayecto en taxi de JFK hasta Manhattan tiene una tarifa fija de 53,25 $ (56,50 $ de 16.00 a 20.00 lu-vi), a la que hay que sumar el coste de los peajes y un recargo de 0,50 $ por carrera. Si parte de Newark, el recorrido puede costar entre 85 $ y 100 $ (incluidos suplementos y propina), y desde **LaGuardia** varía entre 30 y 40 $.

Las furgonetas **Super-Shuttle** prestan servicios discrecionales y son más económicas que los taxis. Van recogiendo pasajeros a lo largo del trayecto, de modo que pueden sufrir retrasos. Los precios, de entre 16 $ y 26 $. El servicio de autobuses **Newark Airport Express** (desde 18,50 €), dispone de una línea que conecta el aeropuerto con el centro de la ciudad.

Por otra parte, desde el JFK, el **AirTrain** enlaza con las líneas A, E, J y Z del metro en dirección a Manhattan. De Newark a Manhattan se toma primero el Airtrain y después el interurbano de las compañías **New Jersey Transit** o **Amtrak**. El autobús M60 SBS que sale de LaGuardia llega a la calle 125 donde puede tomar las líneas de metro 4, 5, 6, A, B, C y D. LaGuardia Link Q70 une directamente LaGuardia con el núcleo del metro Jackson Heights/Roosevelt Ave, donde llegan los trenes de la 7, E, F, M y R.

Llegar en tren

Amtrak, el servicio nacional de ferrocarriles de pasajeros, Long Island Rail Road **(LIRR)** y los trenes de cercanías de New Jersey Transit **(NJT)** llegan al Moynihan Train Hall de Penn Station, en la Séptima y la Octava Avenida con las calles 31 y 34. Amtrak tiene su propia zona de venta de billetes en Penn Station y salas de espera para pasajeros de trenes convencionales y de alta velocidad.

Los trenes regionales de **Metro-North** utilizan Grand Central Terminal, en la calle 42 con Park Avenue, en Midtown Manhattan.

Los billetes se pueden adquirir el día del viaje, o con antelación por Internet o por teléfono. Los billetes prepagados se recogen en los mostradores o en los puestos automatizados de la estación. Si se recogen en el mostrador hay que identificarse con un documento que tenga fotografía.

Para asegurarse de comprar el billete más barato, conviene reservarlo con antelación. Se pueden comprar billetes para múltiples trayectos con el USA Rail Pass de Amtrak, lo que permite hacer 8 viajes en un periodo de 15 días por 459 $; los niños pagan la mitad.

El servicio de trenes más popular desde Nueva York es la ruta Northeast Corridor de Amtrak, entre Boston, Nueva York, Filadelfia y Washington D.C. La mayoría de los trenes de esta ruta tienen asientos sin reservar, pero **Acela Express,** los servicios de alta velocidad de Amtrak, ofrece cada hora asientos de primera clase y clase *business* con conexión eléctrica.

Amtrak también tiene coches-cama para el Northeast Corridor. Incluye compartimento y servicio privado, una comida y acceso a un salón privado.

Autocares de largo recorrido

Los autobuses interurbanos son una forma magnífica y barata de llegar a la ciudad de Nueva York, o de viajar por todo el estado con la ciudad como punto de partida.

Estos autobuses y otros de todo EE UU, así como las líneas de cercanías, llegan a la Port Authority Bus Terminal **(PABT)**, que es el nodo central de los autobuses interestatales en la ciudad de Nueva York.

Los taxis están en la parte de la terminal que da a la Octava Avenida; las paradas de metro de las líneas A, C y E se encuentran en las plantas inferiores de la terminal; y hay un largo túnel que lleva a la estación de Times

Square, además de ofrecer otras conexiones de metro. Los autobuses de la Port Authority conectan con los tres aeropuertos y la terminal también enlaza con muchas líneas de autobuses hacia Nueva Jersey. El ambiente es frenético en horas punta, pues diariamente llegan y salen de allí más de 6.000 autobuses.

Greyhound ofrece trayecto a bajo coste entre Nueva York y Filadelfia (2 horas), Washington D.C. (4 horas), Boston (4,5 horas), Toronto (11,5 horas) y Montreal (8,5 horas), entre otros muchos destinos.

Líneas de autobuses de larga distancia con descuento, como **Megabus** o **Bolt Bus,** llegan y salen de diferentes paradas en calles y avenidas de los distritos del centro de Manhattan.

Transporte público

La extensa red de metro y autobús de Nueva York está gestionada por la Metropolitan Transportation Authority **(MTA).** Se puede encontrar información útil en la página web de la MTA.

El metro y los autobuses van muy llenos en las horas punta: de 7.00 a 9.30 y de 16.30 a 18.00, de lunes a viernes. Sin embargo, en esas horas hay más convoyes. En otros momentos o en determinados periodos vacacionales, el tráfico suele ser más liviano. Hay que tener en cuenta que en festivos importantes se reduce el servicio.

Billetes

OMNY, el nuevo sistema de pago de la MTA, funciona

en todos los autobuses y metros. Acepta pago con tarjetas *contactless* de crédito, débito y de prepago, así como con monederos digitales de Google, Apple y Samsung. También se aceptan dispositivos como Apple Watch y Fitbit. Para pagar, basta con acercar la tarjeta o dispositivo al lector. Se puede pagar cada viaje individual o, desde principios de 2021, comprar pases de 7 o 30 días.

El actual sistema de MetroCard desaparecerá en 2023; sin embargo, las MetroCard y las SingleRide todavía son válidas para metro o autobuses hasta entonces. Se pueden comprar tarjetas para cualquier número de viajes individuales. Se admite un transbordo gratuito entre metro y autobús (y viceversa), o entre dos líneas de autobuses diferentes. Se debe realizar en el margen de 2 horas desde su primer uso. Esta política de transbordos también sirve para OMNY.

Un billete individual cuesta 3 $ si es billete en papel de SingleRide, o 2,75 $ si se paga con MetroCard, con independencia del trayecto. Para hacer varios viajes, conviene comprar un billete semanal sin límite de trayectos por 33 $. Las MetroCard y los billetes se venden en comercios y en todas las estaciones de metro. Se pueden adquirir por cantidades que van desde los 5,50 $ hasta los 80 $. También hay disponibles alternativas sin límite de viajes para siete días (33 $) o 30 días (127 $). La MTA carga una tarifa de 1 $ por «tarjeta nueva». Reutilizando la que tiene se ahorra ese pago.

INFORMACIÓN

LLEGADA EN AVIÓN

AirTrain
🖥 jfkairport.com/ to-from-airport/air-train

John F. Kennedy International (JFK)
🖥 jfkairport.com

LaGuardia (LGA)
🖥 laguardiaairport.com

Newark Liberty International (EWR)
🖥 newarkairport. com

Newark Airport Express
🖥 coachusa.com/ airport-transportation/ newark-airport

New Jersey Transit
🖥 njtransit.com

SuperShuttle
🖥 supershuttle.com

LLEGADA EN TREN

Acela Express
🖥 amtrak.com/ acela-express-train

Amtrak
🖥 amtrak.com

LIRR
🖥 mta.info/lirr

Metro-North
🖥 mta.info/mnr

NJT
🖥 njtransit.com

AUTOCARES DE LARGO RECORRIDO

Bolt Bus
🖥 boltbus.com

Greyhound
🖥 greyhound.com

Megabus
🖥 megabus.com

Port Authority Bus Terminal (PABT) PLANO K2
🖥 panynj.gov/ bus-terminals/ port-authority-bus-terminal.html

TRANSPORTE PÚBLICO

MTA
🖥 mta.info

Metro

El metro es el medio más rápido para desplazarse, con más de 472 estaciones en todos los barrios y líneas que abarcan los lugares más alejados del centro de la ciudad de Nueva York. Funciona las 24 horas del día, aunque los ritmos del servicio a altas horas de la noche cambian.

En general, las líneas 1, 2, 3, 4, 5 ,6, A, B, C, D y Q cubren las principales zonas de la ciudad y van de norte a sur, con origen en Upper Manhattan o el Bronx y, con excepción de la 1 y la 6, todas siguen hacia el Este, a Brooklyn. La L circula de este a oeste atravesando Manhattan y siguiendo por la calle 14 hasta Brooklyn. El 7 va por la calle 42 hasta Queens. Las líneas E, F, M, N, R y W nacen en Queens y hacen algunas paradas en la ciudad antes de adentrarse en Brooklyn (salvo la E, que termina en Lower Manhattan).

Autobuses

La mayoría de los autobuses pasan cada entre 3 o 5 minutos en las horas punta de mañana y tarde, y cada entre 7 y 15 minutos desde mediodía hasta las 16.30 y de 19.00 a 22.00. Los fines de semana y festivos se reduce el servicio. Algunos autobuses de las líneas más concurridas («Select Bus») requieren introducir la MetroCard en los puestos de la parada de autobús para obtener un recibo por el viaje. De vez en cuando pasa algún revisor que multa si no se lleva el recibo.

Muchas líneas circulan 24 horas, pero consulte el horario que hay en la parada. Después de las 22.00, muchos autobuses pasan cada 20 minutos o así. Desde medianoche a las 6.00, cuente con esperar entre 30 y 60 minutos a un autobús.

Recorridos guiados en autobús

Una de las formas más populares de ver los principales lugares son los autobuses turísticos, en los que se puede subir y bajar cuantas veces se quiera: bájese donde quiera, quédese el tiempo que quiera, y vuelva a coger otro autobús cuando lo desee.

Gray Line es la empresa más famosa. Entre sus trayectos está los circuitos por el Downtown, Uptown y Brooklyn, además los trayectos nocturnos y de días festivos (no con el sistema de subir y bajar a voluntad). Comprando un pase de 48 o 72 horas se puede ver gran parte de Nueva York.

Taxis

Los emblemáticos taxis amarillos de Manhattan se pueden parar donde se quiera y se los puede encontrar esperando en la puerta de la mayoría de los hoteles y estaciones. La luz que lleva arriba se enciende cuando está libre. Todos aceptan pago en efectivo y deberían aceptar también tarjetas de crédito. Para cualquier reclamación hay que llamar al 311.

Los taxis verdes de Boro operan en zonas de Nueva York normalmente no atendidas por los amarillos: al norte de West 110th Streed y East 96th Street en Manhattan, el Bronx, Queens (excluyendo los aeropuertos), Brooklyn y Staten Island. Le dejan en el sitio que quiera de la ciudad, pero no pueden recoger pasajeros en Manhattan por debajo de las calles 96 y 110.

Todos los taxis tienen taxímetro y expiden recibo impreso. El taxímetro empieza marcando 3,30 $. El coste aumenta 50 centavos por cada 300 metros aproximadamente, o por cada 60 segundos parado. Se carga un coste adicional de 50 centavos desde las 20.00 a las 6.00 y un extra de 1 $ de 16.00 a 20.00 los días laborables. También hay una New York State Congestion Surcharge de 2,50 $ para todos los trayectos más al sur de la calle 96. Los peajes son extras que se añaden al importe. El importe mínimo para un **Uber** es de 7,19 $, con 1,46 $ por milla (1.600 m aprox.). Lyft y Gett ofrecen tarifas similares.

Coche

La congestión del tráfico, la falta de aparcamiento y lo caro que es alquilar un coche convierten la conducción en Nueva York en una experiencia frustrante. Para desplazarse sin estrés, mejor optar por el transporte público en horas valle.

Alquiler de coches

Las empresas de alquiler de vehículos se encuentran en aeropuertos, estaciones importantes y otros lugares de la ciudad.

La mayoría solo alquila coches en EE. UU. a mayores de 25 años. Es imprescindible permiso de conducir y carecer de antecedentes. Todas las empresas exigen tarjeta de crédito. Se recomienda un seguro por daños y responsabilidad, simplemente por si sucediera algo inesperado. Es aconsejable devolver el coche con el depósito lleno; de lo contrario, se le exigirá que lo pague a un precio más alto de lo habitual.

Asegúrese de ver que el coche no tenga ningún daño al recogerlo; si lo hubiera, hágalo constar en el contrato antes de salir de la agencia.

Aparcamiento

Si decide conducir en la ciudad, confirme con su hotel

si le ofrece aparcamiento; suele suponer al menos 25 $ por noche. Si no, hay parquímetros por toda la ciudad, donde se puede aparcar hasta 12 horas, a razón de 3,50 $ por hora (los domingos no se paga parquímetro), pero tendrá que volver cada hora o dos horas para renovarlo. Si no, la multa de aparcamiento supondrá al menos 65 $.

Nueva York también tiene muchos parkings, pero pueden ser muy caros, desde un promedio de 50 $ por día.

Normas de circulación

Todos los conductores deben portar permiso de conducir válido y poder mostrar documentos de registro y seguro. La mayoría de los permisos de conducir extranjeros son válidos, pero si no está en inglés, o no tiene fotografía, solicite un International Driving Permit (IDP)

Se circula por la derecha de la calzada y el límite de velocidad suele ser de 25 mph (40 km/h) en Midtown. Es obligatorio llevar abrochado el cinturón de seguridad en los asientos delanteros y recomendado en los traseros. Los niños menores de tres años deben ir en una silla adaptada en los asientos traseros. También es obligatorio ponerse el cinturón de seguridad en los taxis.

La mayoría de las calles son de dirección única y hay semáforos casi en cada esquina. A diferencia de lo que sucede en el resto del estado de Nueva York, nunca se puede girar a la derecha con el semáforo rojo a menos que haya una señal que indique lo contrario. Si un autobús escolar se detiene para que se bajen pasajeros, todo el tráfico de ambos lados debe detenerse y esperar a que el autobús reanude la marcha. El límite de alcohol del 0,08% se impone de forma muy estricta. Con los menores de 21 años la política de alcohol en sangre cuando se conduce es de tolerancia cero. Conducir en estado de ebriedad (DWI) es un delito por el que se pueden recibir multas abultadas o, incluso, pena de cárcel. Es aconsejable evitar por completo beber si piensa conducir.

En caso de accidente o avería, los conductores de coches de alquiler deben ponerse en contacto con la empresa en primer lugar. Los miembros de la American Automobile Association (**AAA**) reciben asistencia de una grúa de la estación de servicio más próxima. Para incidentes sencillos como un pinchazo o un problema de batería, la AAA lo arregla o instala una nueva batería gratuitamente en el lugar donde esté.

Alquiler de bicicletas

Hace falta valor para circular en bicicleta en medio del tráfico de Midtown. Los carriles bici junto al East River y en Central Park son más agradables.

Bike Rent NYC ofrece alquiler de bicicletas diario y visitas guiadas por la ciudad. Hay suscripciones de un día, tres días o un mes. **Citibike** tiene 13.000 bicicletas en 800 estaciones repartidas por toda la ciudad; reserve en un lugar concreto a través de la *app* o utilice una tarjeta de crédito donde vaya a tomarla.

La ley no obliga a los ciclistas a llevar casco, pero es muy aconsejable.

Desplazarse a pie

Nueva York siempre está ajetreada, así que las calles tienen semáforos para peatones en la mayoría de los cruces; algunos también tienen señales auditivas. Explorar la ciudad a pie es una forma magnífica de vivirla, pero los lugares de interés principales están bastante retirados unos de otros, de modo que conviene llevar calzado cómodo si la idea es caminar.

Barcos y ferris

Los ferris de **New York Waterway** conectan New Jersey y Manhattan. Los billetes se pueden comprar por Internet o en las terminales de ferris. **NYC Ferry** conecta Manhattan, Brooklyn, Queens y el Bronx. El ferry de Staten Island de 24 horas es gratis y ofrece unas vistas espectaculares del Lower Manhattan y la Estatua de la Libertad.

La *app* NYC Ferry proporciona mapas de trayectos, horarios y enlaces de transporte para con los servicios de ferris de Nueva York. También permite a los usuarios comprar billetes digitales y mostrar el teléfono como justificante de su adquisición.

INFORMACIÓN

RECORRIDOS GUIADOS EN AUTOBÚS
Gray Line
w grayline.com

DESPLAZARSE EN TAXI
Uber
w uber.com

NORMAS DE CIRCULACIÓN
AAA
w aaa.com

ALQUILER DE BICICLETAS
Bike Rent NYC
w bikerent.nyc
Citibike
w citibikenyc.com

BARCOS Y FERRIS
New York Waterway
w nywaterway.com
NYC Ferry
w ferry.nyc

Información práctica

Pasaportes y visados

Los ciudadanos de la Unión Europea no necesitan visado, pero tienen que presentar una solicitud de entrada por adelantado por medio del Electronic System for Travel Authorization (**ESTA**), además de estar en posesión del pasaporte en vigor.

A la llegada es importante contar con mucho tiempo debido a las minuciosas revisiones de pasaporte y visado de las autoridades de inmigración en el aeropuerto.

Para entrar en Estados Unidos hace falta un billete de vuelta. Los reglamentos pueden variar, así que conviene comprobar con mucha antelación con el US Department of State la información más reciente sobre billetes y visados.

Consejos oficiales

Ahora más que nunca es importante consultar los avisos tanto del gobierno estadounidense como del español antes de viajar. En la página web del **Ministerio de Asuntos Exteriores** y en la del **Gobierno de EE. UU.** encontrará información actualizada sobre seguridad, salud y regulaciones locales.

Aduanas

Se puede encontrar información sobre las normas relativas a artículos y dinero con el que se puede entrar o salir de EE. UU. en la página web de la **US Customs and Border Protection Agency**. Se pueden introducir en **EE. UU.** sin tener que pagar impuestos regalos por valor de 100 $, 1 litro de alcohol como cerveza, vino u otros (siempre que se sea mayor de 21 años); 200 cigarrillos, 100 cigarros puros (no cubanos) o 2 kg de tabaco.

Seguro de viaje

Es muy recomendable contratar una póliza de seguro que cubra robo, pérdida de objetos, atención sanitaria y cancelaciones y retrasos. Lea con atención la letra pequeña. Es muy recomendable contratar un seguro médico para viajeros internacionales a EE. UU., ya que cualquier atención médica o dental puede resultar muy gravosa. Las agencias de alquiler de coches ofrecen seguros de coche y de responsabilidad civil, pero conviene consultar la póliza antes de viajar.

Salud

EE. UU. tiene un sistema de atención sanitaria de primera categoría. Se puede visitar a un médico o a un dentista en Nueva York sin estar registrado, pero se le pedirá que pague por adelantado. Guarde los recibos para reclamar posteriormente a su seguro. El pago de estancias hospitalarias y otros gastos médicos es responsabilidad del paciente. Por eso es importante contratar un seguro médico completo antes de viajar.

En toda Nueva York hay muchas clínicas y servicios de emergencia a los que se puede acudir sin cita, así como farmacias abiertas 24 horas. **Mount Sinai** ofrece servicios con o sin cita previa para adultos y niños en diferentes lugares de la ciudad, desde el West Village hasta Midtown. Otra opción es **NYC Health + Hospitals**. Se puede acceder a tratamiento hospitalario de emergencia las 24 horas. Si puede, llame primero al número que se indique en su póliza de seguro y compruebe qué hospitales le cubre. Para recibir tratamiento de urgencia de inmediato, llame a una ambulancia.

También hay muchas farmacias abiertas 24 horas por toda la ciudad, entre ellas **Duane Reade** y **Rite Aid.** Para cuestiones dentales, visite Beth Israel o contacte con **NYU Dentistry.**

Para obtener información acerca de los requisitos de vacunación, consulte información oficial.

A menos que se indique lo contrario, en Nueva York siempre es seguro beber agua del grifo.

Tabaco, alcohol y drogas

La edad mínima legal para beber alcohol en EE. UU. es 21 años y puede necesitar su fotocopia del pasaporte para comprar alcohol o entrar en un bar. Es ilegal consumir alcohol en parques públicos o llevar un recipiente abierto de bebida alcohólica en el coche, y las multas por conducir ebrio son elevadas.

Está prohibido fumar en todos los edificios públicos, bares, restaurantes y comercios. Las personas mayores de 18 pueden comprar tabaco y será necesario demostrar la edad.

Aunque ahora la marihuana es legal en Nueva York (para mayores de 21 años), rigen las mismas normas que para fumar en general. Todos los demás estupefacientes están prohibidos.

Carné de identidad

En Nueva York no es obligatorio ir identificado en todo momento. Si la policía le pide que le muestre el carné de identidad, bastará con una fotocopia de la página del pasaporte donde aparece su foto. Podrán pedirle que presente el documento original en un plazo de 12 o 24 horas.

Seguridad personal

Nueva York es una de las metrópolis más seguras de Estados Unidos. Existen los delitos menores, así que conviene permanecer alerta, dejar los objetos de valor y el pasaporte en la caja fuerte del hotel, conseguir un recibo de la consigna del equipaje y ser discreto con las joyas caras. La mayoría de los parques son seguros durante el día, pero es mejor evitarlos en cuanto anochece.

Si olvida algo en el autobús, el metro o en un taxi, llame al número 311 para notificarlo. La mejor manera de identificar a los taxis, aparte del número de licencia, es pedir un recibo al final de cada trayecto con el número de identificación.

Si le roban algo, denuncie el delito en un plazo de 24 horas en la comisaría más cercana y lleve consigo su documento de identidad. Guarde una copia de la denuncia para reclamar al seguro. Si le roban el pasaporte, o en caso de delito o accidente grave, contacte con su embajada. Para **emergencias** de policía, ambulancia o bomberos, llame al 111.

Por lo general, los neoyorquinos aceptan a toda clase de personas, sin tener en cuenta raza, género o sexualidad. Los matrimonios entre personas del mismo sexo son legales

desde 2011 y los disturbios de Stonewall de 1969 están considerados uno de los sucesos más importantes que impulsó el movimiento de liberación gay en EE. UU. Si no se siente seguro, la **Safe Space Alliance** le indica cuál es el lugar más próximo donde refugiarse.

Viajeros con necesidades específicas

La normativa de la ciudad de Nueva York exige que todas las instalaciones construidas después de 1987 tengan entradas y baños accesibles para las personas con necesidades específicas. Ahora todos los autobuses urbanos tienen accesos que descienden para que se pueda subir en silla de ruedas y la mayoría de las esquinas de las calles tienen también las aceras rebajadas.

La **YAI** es muy útil para quienes sufren discapacidades intelectuales o del desarrollo. La página web ofrece información sobre accesibilidad a instituciones culturales y centros de arte de Nueva York.

La **Mayor's Office for People with Disabilities** (oficina municipal para discapacitados) dispone de información sobre las instalaciones municipales. La página web destaca un amplio abanico de eventos, como visitas guiadas con descripciones verbales en museos y galerías, como el MoMA o el Whitney.

El **Theater Development Fund** municipal gestiona el Theater Access Project, que pretende incrementar la accesibilidad a los teatros a quienes tienen discapacidades auditivas o visuales, u otras.

El **Lighthouse Guild** ofrece consejos para explorar Nueva York a quienes tienen discapacidades visuales.

INFORMACIÓN

PASAPORTES Y VISADOS

ESTA
🌐 esta.cbp.dhs.gov/esta

US Department of State
🌐 travel.state.gov

CONSEJOS OFICIALES

Ministerio de Asuntos Exteriores
🌐 exteriores.gob.es

INFORMACIÓN SOBRE ADUANAS

Gobierno de EE. UU.
🌐 ww.state.gov

US Customs and Border Protection Agency
🌐 cbp.gov

SALUD

Duane Reade
🌐 www.walgreens.com

Mount Sinai
🌐 mountsinai.org

NYC Health + Hospitals
🌐 nychealthand hospitals.org

NYU Dentistry
🌐 dental.nyu.edu

Rite Aid
🌐 riteaid.com

SEGURIDAD PERSONAL

Policía, Ambulancias y Bomberos
📞 911

Safe Space Alliance
🌐 safespacealliance.com

VIAJEROS CON NECESIDADES ESPECÍFICAS

Lighthouse Guild
🌐 lighthouseguild.org

Mayor's Office for People with Disabilities
🌐 1.nyc.gov/site/mopd/index.page

Theater Development Fund
🌐 tdf.org /nyc/33/TDF AccessibilityPrograms

YAI
🌐 yai.org

Zona horaria

En Nueva York rige el Horario del Este de Norteamérica (EST), 5 horas menos que el Tiempo Medio de Greenwich (GMT-5) y 3 horas más que la Hora Estándar del Pacífico (PST+3). España lleva 6 horas de adelanto a Nueva York.

Dinero

La moneda es el dolar ($) que se divide en 100 centavos. Casi todos los establecimientos aceptan las principales tarjetas de crédito, débito y prepago. Los pagos con tarjeta *contacless* cada vez son más habituales y la MTA ha introducido hace poco este sistema en todas sus líneas de metro y autobús.

Algunos autobuses de Nueva York exigen el pago en efectivo, así como algunos pequeños negocios o máquinas de venta. En casi cualquier esquina de Manhattan hay cajeros automáticos.

Los grandes bancos cambian divisa extranjera. Tenga preparado el pasaporte u otro documento de identidad con fotografía cuando vaya a cambiar divisas. Casi todos los bancos tienen cajero automático.

Dispositivos eléctricos

La corriente eléctrica en Estados Unidos es de 115-120 V, en lugar de los 220 V que se utilizan en Europa. La mayoría de los ordenadores y aparatos eléctricos vienen con un interruptor para cambiar el voltaje, pero otros necesitarán un transformador, que se puede adquirir en las tiendas del aeropuerto y en algunos centros comerciales. Además, los enchufes estadounidenses solo tienen dos clavijas planas, de modo que los visitantes europeos necesitan un adaptador para todos los dispositivos.

Teléfonos móviles y wifi

La mayoría de teléfonos móviles son compatibles con las redes estadounidenses, aunque es recomendable consultar las tarifas de itinerancia (*roaming*) antes de viajar, porque pueden resultar elevadísimas. Muchos operadores ofrecen planes de tarificación con los que es posible reducir costes, de modo que conviene realizar una consulta con antelación. Otra opción consiste en comprar una tarjeta SIM en Estados Unidos, que es compatible con algunos dispositivos.

Casi todos los hoteles disponen de acceso a internet, algunos gratuito y otros de pago. Es preferible preguntar antes de efectuar la reserva, porque las tarifas pueden ser bastante altas (de 10 a 15 $ por día). Hay wifi gratis en las bibliotecas públicas, Starbucks, McDonald's, Bryant Park, Battery Park y en algunas librerías y estaciones de metro.

Servicio postal

Las oficinas de correos abren de 9.00 a 17.00 de lunes a viernes, y algunas también los sábados. La **General Post Office** permanece abierta hasta las 22.00 de lunes a viernes, hasta las 21.00 los sábados y hasta las 19.00 los domingos.

Los sellos se compran en las oficinas de correos, en los minimercados y en los puestos de periódicos. La mayoría de los hoteles venden sellos y envían las cartas. Los buzones de la calle son azules, o rojos, blancos y azules.

El envío nacional estándar cuesta 0,55 $ la primera onza (28 g) y 0,15 $ por cada onza adicional; los sellos para postales cuestan 0,36 $. En los internacionales, se cobra 1,20 $ por los sellos para postales y 1,20 $ por la primera onza.

Clima

Las temperaturas invernales oscilan entre -3 ºC y 3 ºC, y las veraniegas varían entre 19 ºC y 29 ºC. A pesar de los pronósticos, el tiempo es impredecible y cambia con rapidez; es mejor llevar varias capas. Los meses de invierno son muy fríos, a veces la nieve cubre las calles de la ciudad y soplan vientos gélidos.

Los meses de marzo y agosto son los más lluviosos, pero el chubasquero y el paraguas nunca sobran todo el año.

Horarios

El horario comercial suele ser de lunes a viernes entre 9.00 y 17.00. Las tiendas de la ciudad abren a las 9.00 o 10.00 de lunes a sábado; los establecimientos pequeños cierran en torno a las 18.00 o 19.00, mientras que los centros comerciales permanecen abiertos hasta las 20.00 o 22.00, e incluso más tarde durante las vacaciones. El horario de los domingos es desde las 10.00 hasta las 18.00 o 19.00.

Algunos museos de la ciudad cierran los lunes o los martes, o ambos, aunque la mayoría abre todos los días.

Los museos, lugares de interés, oficinas de correos, bancos y muchos comercios cierran los días festivos del estado o de todo el país.

Conviene consultar antes cada sitio concreto por si cierra en algún momento en que habíamos planeado visitarlo.

COVID-19 Un aumento en el número de infectados puede conllevar cambios en los horarios y/o cierres. Consulte siempre antes de visitar museos, monumentos y lugares de reunión.

Información turística

NYC & Company, la oficina de turismo oficial de la ciudad, dispone de una oficina central situada en el interior de Macy's, en Herald Square. NYC & Company también ha diseñado apps para móvil con información de viajes y sobre el transporte en taxi y en metro.

La ciudad de Nueva York ofrece pases de descuento y tarjetas de descuento para eventos, exhibiciones, museos, entradas e incluso transporte, como **City Pass, Go City Pass** y **The New York Pass**. Se pueden conseguir *online* y en las oficinas de turismo asociadas. Las tarjetas no son gratuitas por lo que antes de comprarlas hay que considerar cuántas de las ofertas se van a aprovechar.

Big Apple Greeter es una forma deliciosa de explorar la ciudad si el presupuesto es ajustado. Un guía voluntario lleva pequeños grupos en un recorrido de entre 2 o 4 horas por los diferentes barrios de Nueva York.

Costumbres

Moverse por las calles más transitadas de Nueva York requiere cierta destreza. Camine siempre por el lado derecho de las aceras y las escaleras. Si quiere hacer una foto o consultar un mapa mientras camina no se detenga sin más, muévase primero a un lado. Evite caminar en grupo de 3 o 4. Los locales le avisarán si comete algún error.

Cuando visite iglesias, catedrales o sinagogas, vista adecuadamente. Cubra su torso y hombros, y si lleva pantalón corto o falda asegúrese de que cubre las rodillas.

Idioma

Nueva York es una ciudad cosmopolita en la que oirá hablar muchas lenguas. Muchas de las compañías de turismo, como **Free Tours by Foot**, ofrecen audioguías y visitas guiadas en distintos idiomas.

Impuestos y devoluciones

A la compra de la mayoría de los artículos, incluida comida, se añade un impuesto de en torno al 9 por ciento. Los camareros se llevan normalmente el 20 por ciento de la factura, impuestos incluidos. Una forma rápida de calcular la propina es duplicar el impuesto, lo que supone añadir aproximadamente un 18 por ciento.

Alojamiento

La ciudad cuenta con más de 130.000 habitaciones para satisfacer a todos los presupuestos. Los mejores hoteles de la ciudad están entre los más caros de EE. UU., pero también hay hoteles más baratos y de precio medio, pensiones gestionadas por una familia y albergues. Los precios varían en consecuencia. El límite para los hoteles de lujo es el cielo, pero el alojamiento en hoteles de precio medio oscila entre los 250 y los 400 $ la noche y los hoteles más baratos cuestan unos 100 $, aunque los precios fluctúan con frecuencia. La buena noticia es que todos los barrios, desde Midtown hasta Downtown, tiene una buena combinación de hoteles, con lo que normalmente se encuentra uno que se ajuste al presupuesto.

Con independencia de dónde nos alojemos, hay que reservar con antelación; los hoteles se llenan enseguida, da igual en temporada alta o baja. El alojamiento suele estar más concurrido entre semana, cuando la gente que trabaja está en la ciudad, así que la mayor parte de los hoteles ofrecen paquetes de fin de semana asequibles.

Hay que tener en cuenta que las habitaciones de hotel tienen un impuesto del 14,75 por ciento, más una tasa de 3,50 $ por noche.

INFORMACIÓN

SERVICIO POSTAL
General Post Office
MAP K2 ■ 421 8th Ave
📞 800 ASK USPS
🌐 usps.com

INFORMACIÓN PARA EL VISITANTE
Big Apple Greeter
🌐 bigapplegreeter.org

City Pass
🌐 citypass.com

Go City Pass
🌐 gocity.com

NYC & Company
📞 212 484 1200
🌐 nycgo.com

The New York Pass
🌐 newyorkpass.com

IDIOMA

Free Tours by Foot
🌐 freetoursbyfoot.com/audio-tours-new-york-city

Dónde alojarse

PRECIOS

Habitación doble con desayuno (si está incluido), impuestos y otros cargos.

....

$ -250 $ $$ 250–450 $ $$$ +450 $

Hoteles de lujo

IBEROSTAR 70 Park Avenue

PLANO K4 ▪ 70 Park Ave, New York, NY 10016 ▪ 212 973 2400 ▪ www. iberostar.com ▪ $$

Pequeño y sofisticado, con decoración moderna y una paleta de colores dorados y cremas. Dispone de gimnasio 24 horas, aparcacoches y centro de negocios. Admite mascotas.

Michelangelo

PLANO J3 ▪ 152 West 51st St, New York, NY 10019 ▪ 212 765 0505 ▪ www.miche langelohotel.com ▪ $$

Hotel de una cadena italiana de lujo. Habitaciones muy espaciosas que combinan diseño neoclásico y un aire italiano.

Algonquin Hotel

PLANO J3 ▪ 59 West 44th St, New York, NY 10019 ▪ 212 840 6800 ▪ www. algonquinhotel.com ▪ $$$

Muy apreciado por literatos y famosos por haber sido el lugar de reunión del grupo de escritores denominado "La Mesa Redonda", que organizaba encuentros para comer a principios del siglo XX. El ambiente es refinado y el papel de la pared tiene tiras cómicas del semanario *New Yorker*.

Baccarat Hotel and Residences

PLANO H3 ▪ 28 West 53rd St, New York, NY 10019 ▪ 212 790 8800 ▪ www. baccarathotels.com ▪ $$$

Un hotel de lujo que tiene cristal de Baccarat en todas las habitaciones, decoración parisina elegante y una piscina asombrosa. Para cada huesped se adjudica un asistente personal.

Carlyle

PLANO G4 ▪ 35 East 76th St, New York, NY 10021 ▪ 212 744 1600 ▪ www.rose woodhotels.com/en/the-carlyle-new-york ▪ $$$

La colección de antigüedades de este hotel de lujo ha atraído siempre a una clientela rica, famosa y exigente. Sus espacios amplios y sobrios de inspiración europea están decorados con gran elegancia. El Café Carlyle es el cabaré más refinado de Nueva York.

Four Seasons

PLANO H4 ▪ 57 East 57th St, New York, NY 10022 ▪ 212 758 5700 ▪ www. fourseasons.com ▪ $$$

Si busca una combinación de lujo y modernidad, la mejor opción se encuentra en el interior de esta torre de tonos pálidos diseñada por el arquitecto de origen chino I. M. Pei. Sus habitaciones son de las más grandes de la ciudad. La élite neoyorquina suele citarse en el bar y el restaurante del hotel.

Hotel Central Park

PLANO H3 ▪ 1414 6th Ave, New York, NY 10019 ▪ 212 703 2001 ▪ www.1hotels.com ▪ $$$

Un hotel moderno, diseñado utilizando materiales recuperados, a solo unos pasos de Central Park. Exterior con vegetación natural en tres plantas, ropa de cama orgánica y Audi e tron eléctrico a disposición de los huéspedes.

Hôtel Plaza Athénée

PLANO H4 ▪ 37 East 64th St, New York, NY 10021 ▪ 212 734 9100 ▪ www. plaza-athenee.com ▪ $$$

Aunque este establecimiento de apariencia parisina en pleno Upper East Side tiene 143 habitaciones, hace que el visitante se sienta como en casa. Las instalaciones son modernas, cuenta con un centro deportivo propio y el lujoso *spa* Valmont.

Loews Regency Hotel

PLANO H4 ▪ 540 Park Ave, New York, NY 10021 ▪ 212 759 4100 ▪ www. loewshotels.com/regency-hotel ▪ $$$

Un remanso de paz predilecto entre los magnates del espectáculo. Habitaciones con estilo, algunas con vistas a Park Avenue, y suites enormes. El restaurante sirve excelente comida y desayunos abundantes y deliciosos.

Lotte New York Palace

PLANO J4 ▪ 455 Madison Ave con 50th St, New York, NY 10022 ▪ 212 888 7000 ▪ www.lottenypalace.com ▪ $$$

Un hotel de leyenda compuesto de las monumentales Villard Houses, que datan de 1882, y una torre de 55 pisos. Puede elegir entre la decoración clásica de las habitaciones Palace o las lujosas suites y habitaciones Tower.

Mandarin Oriental

PLANO H2 ▪ 80 Columbus Circle, New York, NY 10023 ▪ 212 805 8800 ▪ www.mandarinoriental. com ▪ $$$
El hotel con las mejores vistas de Central Park y del horizonte neoyorquino. Los huéspedes pueden disfrutar del *spa* del hotel, de maravilla.

The Mark

PLANO F3 ▪ 25 East 77th St, New York, NY 10021 ▪ 212 744 4300 ▪ www. themarkhotel.com ▪ $$$
Un elegante hotel de 1927, redecorado por el famoso interiorista francés Jacques Grange. La clientela valora el ambiente relajado, los interiores de Ladurée, los bicitaxis y el innovador restaurante de Jean-Georges Vongerichten.

The Mercer

PLANO N4 ▪ 147 Mercer St, New York, NY 10012 ▪ 212 966 6060 ▪ www. mercerhotel.com ▪ $$$
El favorito de las estrellas de Hollywood ocupa el edificio que mandó construir John Jacob Astor II hacia 1890. Presume de espacios diáfanos y ambiente bohemio.

Parker New York

PLANO H3 ▪ 119 West 56th St, New York, NY 10019 ▪ 212 245 5000 ▪ www.hyatt.com ▪ $$$
Presume de zonas comunes, el gimnasio, el lujoso *spa*, dos restaurantes, una hamburguesería y un bar-café. Las pulcras habitaciones tienen vistas a Central Park o Midtown.

Park Hyatt

PLANO H3 ▪ 157 West 57th St, New York, NY 10019 ▪ 646 774 1234 ▪ www.hyatt.com ▪ $$$
Abrió sus puertas en 2014 y ofrece habitaciones con grandes ventanales, hermosas obras de arte y ropa de cama de diseño. Todo lo que hay entre sus paredes es de la máxima calidad: desde las inmensas suites hasta la piscina cubierta de agua salada o la sala de vapores de eucalipto.

Peninsula

PLANO H3 ▪ 700 5th Ave, New York, NY 10019 ▪ 212 956 2888 ▪ www. peninsula.com ▪ $$$
El grupo hotelero de capital hongkonés transformó este edificio de 1905 en un alojamiento de lujo moderno. Las habitaciones de estilo contemporáneo dejan traslucir la influencia *art nouveau*. Todos los dispositivos electrónicos pueden controlarse desde la cama. El gimnasio con piscina es excepcional.

Pierre

PLANO H3 ▪ 2 East 61st St, New York, NY 10021 ▪ 212 838 8000 ▪ www. thepierreny.com ▪ $$$
Un lugar emblemático desde la década de 1930. Ha marcado la pauta de la elegancia neoyorquina sin descuidar la atención al público. Con tres empleados por cada cliente, incluso los amantes del lujo reciben todos los cuidados que desean.

The Plaza

PLANO H3 ▪ 5th Ave con Central Park South, New York, NY 1001 ▪ 212 759 3000 ▪ www.theplazany. com ▪ $$$
Este edificio de 19 plantas que imita el estilo renacentista francés se inauguró en 1907 y sirvió de residencia metropolitana a las familias adineradas de principios de siglo. En la actualidad, ha sido reconocido como Monumento Histórico Nacional por el gobierno de Estados Unidos, dado su gran valor arquitectónico. El bar sirve un champán exquisitos y cuenta con el exclusivo *spa* Guerlain.

Renaissance New York

PLANO J3 ▪ 714 7th Ave, New York, NY 10026 ▪ 212 765 7676 ▪ www. marriott.com ▪ $$$
Un oasis en el Distrito de Teatros. El vestíbulo tiene mobiliario moderno chic y el baño de las habitaciones, azulejos. El restaurante tiene unas vistas estupendas de Times Square.

Roxy Hotel

PLANO P3 ▪ 2 6th Ave, New York, NY 10013 ▪ 212 519 6600 ▪ www. roxyhotelnyc.com ▪ $$$
El éxito del primer hotel de Tribeca continúa. Todo el vecindario se reúne en el Roxy Bar, el bar del vestíbulo con 70 columnas translúcidas iluminadas. Las habitaciones son un contrapunto de calma y disponen de juguetes de alta tecnología.

St. Regis

PLANO H4 ▪ 2 East 55th St, New York, NY 10022 ▪ 212 753 4500 ▪ www. marriott.com ▪ $$$
Las habitaciones se han decorado siguiendo los principios de la arquitectura *beaux arts*, prestando atención al mobiliario estilo Luis XVI, los revestimientos de seda en las paredes y un mayordomo a la entera disposición del cliente. El King Cole Bar sirve platos exquisitos y cocteles fabulosos.

Sherry Netherland

PLANO H3 ▪ 781 5th Ave, New York, NY 10022 ▪ 212 355 2800 ▪ www.sherry netherland.com ▪ $$$
Data de 1927 y ha preservado el vestíbulo original decorado en mármol y bronce, además del reloj que señala la entrada de la Quinta Avenida. Las habitaciones son amplias y la mayoría tienen vistas a Central Park. Su ubicación, cerca del aeropuerto de LaGuardia, también es una ventaja.

Sofitel

PLANO J3 ▪ 45 West 44th St, New York, NY 10036 ▪ 212 354 8844 ▪ www.sofitel-new-york.com ▪ $$$
Se inauguró en el año 2000 y en él aún se respira la elegancia y el encanto del viejo continente. Las habitaciones son cómodas, se han decorado con buen gusto y están bien insonorizadas. El precio incluye té y café por la mañana en la Gaby Brasserie Française.

Trump International Hotel and Tower

PLANO H2 ▪ 1 Central Park West, New York, NY 10023 ▪ 212 299 1000 ▪ www.trumphotels.com/central-park ▪ $$$
Las ventanas panorámicas suponen fabulosas vistas de la ciudad de Nueva York y Central Park. Instalaciones magníficas. Incluye un servicio de habitaciones gestionado por el restaurante Jean-Georges (ver p. 66), con dos estrellas Michelin, y acceso a piscina de agua caliente cubierta.

W New York – Union Square

PLANO M4 ▪ Park Ave South, New York, NY 10003 ▪ 212 253 9119 ▪ www.marriott.com ▪ $$$
El diseñador y arquitecto David Rockwell ha transformado este edificio *beaux arts* en un monumento vanguardista con una escalera flotante. Habitaciones modernas decoradas con colores luminosos, una zona de gimnasio bien equipada y un bar muy animado caracterizan al alojamiento.

Hoteles de diseño

Franklin

PLANO F4 ▪ 164 East 87th St, New York, NY 10128 ▪ 212 369 1000 ▪ www.ihg.com ▪ $
Alojamiento confortable del Upper East Side. Habitaciones elegantes de tamaño reducido bien amuebladas. El desayuno está incluido y tiene máquina de café 24 horas.

Casablanca

PLANO J3 ▪ 147 West 43rd St, New York, NY 10036 ▪ 212 869 1212 ▪ www.casablancahotel.com ▪ $$
Con azulejos y arcos de estilo marroquí, no desentona en el Distrito de Teatros. Aunque las habitaciones son pequeñas, tienen lo necesario. El desayuno se sirve en el Rick's Café.

Hotel Giraffe

PLANO L4 ▪ 365 Park Ave South, New York, NY 10016 ▪ 212 685 7700 ▪ www.hotelgiraffe.com ▪ $$
Un vestíbulo acristalado da acceso a este hotel cuyo diseño retro y encantadora azotea han sido premiados. La mayoría de las habitaciones tienen puertas de dos hojas y un pequeño balcón. El desayuno y los aperitivos están incluidos. El restaurante italiano de la planta baja sirve comida casera.

Inn at Irving Place

PLANO M4 ▪ 56 Irving Pl, New York, NY 10002 ▪ 212 533 4600 ▪ www.innatirving.com ▪ $$
Este hotel de 12 habitaciones y estilo neogriego lo componen dos casas que parecen sacadas de una novela de Edith Warthon. Las habitaciones están repletas de antigüedades y disponen de chimenea propia.

Iroquois

PLANO J3 ▪ 49 West 44th St, New York, NY 10036 ▪ 212 840 3080 ▪ www.iroquoisny.com ▪ $$
Una de las *suites* lleva el nombre de James Dean, que vivió aquí entre los años 1951 y 1953. Otras estrellas como Sandra Bullock y Johnny Depp, suelen dejarse ver aquí. Las habitaciones no son muy amplias pero tienen decoración clásica y los baños están revestidos de mármol hasta el techo. Hay ofertas especiales.

Kimpton Muse Hotel

PLANO J3 ▪ 130 West 46th St, New York, NY 10036 ▪ 212 485 2400 ▪ www.themusehotel.com ▪ $$
El vestíbulo con imponente arte contemporáneo, junto con las habitaciones espaciosas, algunas de ellas con terraza, resultan muy atractivos. Ofrece un vino por las tardes y alquiler de bicicletas gratuito.

NoMad Hotel

PLANO L3 ▪ 1170 Broadway, New York, NY 10001 ▪ 212 796 1500 ▪ www.thenomadhotel.com ▪ $$

Alojarse en este hotel es rememorar el París de principios de siglo: techos altos, muebles de diseño, bañeras con pies en forma de zarpa de león y minibares con apariencia de baúl de viaje.

The Redbury
PLANO L4 ■ 29 East 29th St, New York, NY 10016 ■ 212 689 1900 ■ www.redburynyc.com ■ $$
Este acogedor hotel presume de sus interiores inspirados en la historia del barrio, el corazón de las discográficas de los siglos XIX y XX, Tin Pan Alley. El hotel también cuenta con tres restaurantes excelentes; uno de ellos es una pizzería de inspiración romana llamada Marta.

The Archer
PLANO K3 ■ 45 West 38th St, New York, NY 10018 ■ 212 719 4100 ■ www.archerhotel.com ■ $$$
Este hotel rinde homenaje al Distrito de la Moda en el que está enmarcado. Las ventanas van desde el suelo hasta el techo y los baños están revestidos de azulejos blancos de metro. Desde la azotea se alcanza a ver tanto el Empire State Building como el Edificio Chrysler.

Bryant Park
PLANO K3 ■ 40 West 40th St, New York, NY 10018 ■ 212 869 0100 ■ www.bryantparkhotel.com ■ $$$
El antiguo American Radiator Building, diseñado por Raymond Hood en 1924, se ha reconvertido en un hotel de estilo ultracontemporáneo con ventanales gigantescos,

mostradores de recepción lacados de color granate y habitaciones minimalistas con los dispositivos electrónicos más novedosos. El restaurante Koi sirve platos japoneses de influencia californiana.

Crosby Street Hotel
PLANO N4 ■ 79 Crosby St, New York, NY 10012 ■ 212 226 6400 ■ www.firmdalehotels.com ■ $$$
Hotel en pleno SoHo. Todas las habitaciones persiguen ofrecer la mayor comodidad posible a los huéspedes. Desde los pisos superiores se ve Lower Manhattan. La sala de cine proyecta películas todas las semanas y tanto el bar como el restaurante tienen mucha animación.

Le Méridien New York
PLANO H3 ■ 120 West 57th St, New York, NY 10019 ■ 212 830 8000 ■ www.marriott.com ■ $$$
Un hotel de categoría en los alrededores de Uptown Manhattan. Destaca la terraza al aire libre del último piso y las vistas de la arboleda de Central Park. Las habitaciones tienen inmensos ventanales y artículos de baño malin+Goetz. El restaurante Kingside, diseñado por Roman y Williams, sirve nueva cocina americana deliciosa.

Library Hotel
PLANO K4 ■ 299 Madison Ave, New York, NY 10017 ■ 212 983 4500 ■ www.libraryhotel.com ■ $$$
Está repleto de libros. Cada una de las plantas está dedicada a una de las categorías del Sistema de Clasificación

Decimal Dewey, tales como la filosofía o el arte, con los volúmenes más representativos en todas las habitaciones. Cuenta con terraza en la azotea.

Lowell
PLANO H4 ■ 28 East 63rd St, New York, NY 10021 ■ 212 838 1400 ■ www.lowellhotel.com ■ $$$
Lujoso, discreto y con encanto. El hotel Lowell ofrece habitaciones con chimenea, estanterías con libros, flores y baños con alicatado de mármol. La decoración interior combina los estilos francés, *art déco* y oriental.

ModernHaus SoHo
PLANO P3 ■ 227 Grand St, New York, NY 10013 ■ 212 465 2000 ■ www.modernhaushotel.com ■ $$$
Admire el resplandor de Manhattan desde el bar o la piscina de la última planta. Después acomódese en las elegantes habitaciones inspiradas en la Bauhaus o cene en el restaurante Veranda, del chef George Mendes.

Refinery Hotel
PLANO K3 ■ 63 West 38th St, New York, NY 10018 ■ 646 664 0310 ■ www.refineryhotelnewyork.com ■ $$$
La sofisticación de este hotel, que ocupa el edificio Colony Arcade, no está reñida con su pasado como fábrica de sombreros. Las mesas con máquinas de coser y las alfombras con diseño de tijeras entrecruzadas simbolizan la historia gremial de este barrio céntrico.

Precios de alojamientos ver p. 172

SIXTY SoHo

PLANO N3 ▪ 60 Thompson St, New York, NY 10012 ▪ 877 431 0400 ▪ www.sixtyhotels.com/soho ▪ $$$
Hotel de 12 plantas y 97 habitaciones en el barrio del SoHo. Las *suites* tienen baños de mármol. Desde el jardín de la azotea se ve la puesta de sol y las luces de la ciudad. La cafetería a pie de calle permite observar el ajetreo del barrio y el Bistrot Leo, que sirve cocina francesa clásica, tiene decoración informal.

Hoteles de negocios

Kixby Hotel

PLANO K3 ▪ 45 West 35th St, New York, NY 10001 ▪ 212 947 2500 ▪ www.kixby.com ▪ $$
Buena relación calidad-precio. Las habitaciones son amplias. Las zonas comunes incluyen una terraza en la última planta, un gran salón y un restaurante, Black Tap.

The Manhattan at Times Square

PLANO J3 ▪ 790 7th Ave, New York, NY 10019 ▪ 212 581 3300 ▪ www.manhattanhoteltimessquare.com ▪ $$
Hotel de 22 plantas construido en 1962, wifi de alta velocidad, gimnasio 24 horas, habitaciones cómodas y mobiliario lujoso. Este es un vecino más tranquilo del Sheraton New York, que es un entorno para grandes convenciones. El Distrito de Teatros está a un paso.

Millennium Hilton New York ONE UN Plaza

PLANO J5 ▪ U.N. Plaza, 44th St entre 1st y 2nd Ave, New York, NY 10017 ▪ 212 758 1234 ▪ www3.hilton.com ▪ $$
Esta torre colosal muy próxima al edificio de las Naciones Unidas fue idea del arquitecto estadounidense de origen irlandés Kevin Roche. La clientela internacional siempre agradece las vistas panorámicas que se pueden admirar a partir de la planta 28, el gimnasio con vistas al East River y la única pista de tenis interior de toda la ciudad.

Millennium Hotel Broadway Times Square

PLANO J3 ▪ 145 West 44th St, New York, NY 10036 ▪ 212 768 4400 ▪ www.millenniumhotels.com ▪ $$
Rascacielos posmoderno de líneas simples y elegantes que comparte espacio con un teatro. Las habitaciones son funcionales y tienen hermosas vistas de la ciudad. Entre los dispositivos electrónicos cabe mencionar la wifi y una smart TV de 40 pulgadas con conexión a internet.

Benjamin

PLANO J4 ▪ 125 East 50th St, New York, NY 10022 ▪ 212 715 2500 ▪ www.thebenjamin.com ▪ $$$
La transformación de este edificio histórico del arquitecto de origen eslovaco Emery Roth de 1927 ha sido notable: el hotel ofrece *suites* para ejecutivos dotadas de la última tecnología y una pequeña cocina. Su restaurante, el National, que dirige el afamado chef Geoffrey Zakarian, sirve platos de la cocina americana moderna.

Fifty NYC

PLANO J4 ▪ 155 East 50th St, New York, NY 10022 ▪ 212 751 5710 ▪ www.affinia.com/fifty ▪ $$$
Situado en pleno centro del Midtown, este hotel residencial de diseño presume de tener *suites* amplias con cocinas americanas y salas de estar provistas de sofás cama. Es el más apropiado para familias y grupos.

Gild Hall

PLANO Q4 ▪ 15 Gold St, New York, NY 10038 ▪ 212 232 7700 ▪ www.thompsonhotels.com/hotels/newyork/new-york/gild-hall ▪ $$$
Situado en el Distrito Financiero de la ciudad, demuestra que el lujo no está reñido con los viajes de negocios. Las habitaciones son elegantes y están bien equipadas. También tiene una biblioteca, un gran salón, bar y un restaurante agradable con las paredes revestidas de maderas nobles que sirve comida italiana.

Hilton New York

PLANO J3 ▪ 1335 6th Ave, New York, NY 10019 ▪ 212 586 7000 ▪ www.hilton.com ▪ $$$
El hotel de negocios por antonomasia: 1.878 habitaciones, muy céntrico, múltiples salas de trabajo e incluso un salón de baile. En su reforma más reciente se transformó el vestíbulo, se redecoraron las habitaciones y se añadió un gimnasio y *spa* en las habitaciones.

Hotel 48LEX

PLANO J4 ▪ 517 Lexington Ave con 48th, New York, NY 10017 ▪ 212 838 1234 ▪ www.hotel48lexnew-york.com ▪ $$$
A un paso de la Terminal Grand Central y de Cen-

tral Park, este moderno hotel ofrece *suites* amplias y amuebladas con un gusto exquisito.

Wagner at the Battery

PLANO Q3 ■ 2 West St, New York, NY 10004 ■ 212 344 0800 ■ www. marriott.com ■ $$$
Este hotel de lujo tiene unas vistas impresionantes del puerto y unas habitaciones en las que no falta detalle: telescopios en algunas habitaciones, almohadas de plumas y cuartos de baño de mármol. Los niños disfrutarán del cercano Skyscraper Museum.

Hoteles de precio medio

Aloft Manhattan Downtown-Financial District

PLANO Q4 ■ 49-53 Ann St, New York, NY 10038 ■ 212 513 0003 ■ www. marriott.com ■ $
Abierto en 2015. Habitaciones sencillas, pero modernas y funcionales, con espacio de trabajo ergonómico. Tiene café para llevar, el WXYZ Bar y un gimnasio 24 horas.

Arthouse Hotel

PLANO F2 ■ 2178 Broadway, New York, NY 10024 ■ 212 362 1100 ■ www.arthouse hotelnyc. com ■ $
Este hotel del Upper West Side combina encanto *vintage* con un estilo moderno. Ocupa un edificio de un siglo de antigüedad y exhibe obras de arte originales, una chimenea antigua y un ascensor francés de la década de 1920.

Belvedere Hotel

PLANO J2 ■ 319 West 48th St, New York, NY 10036 ■ 212 245 7000 ■ www. belvederehotelnyc.com ■ $
Construido en 1923, conserva rasgos clásicos del *Art Deco*. Las habitaciones ejecutivas están equipadas con cocina. Cerca de Times Square. Tiene un restaurante brasileño, Churrascaria Plataforma.

Chelsea Savoy

PLANO L2 ■ 204 West 23rd St, New York, NY 10011 ■ 212 929 9353 ■ www.chel seasavoynyc.com ■ $
Alojamiento de calidad en un barrio muy tranquilo cerca de las tiendas, cafeterías y galerías de arte de Chelsea. Las habitaciones tienen el tamaño adecuado y disponen de todo lo necesario. La fachada que da a la calle 23 es la más ruidosa.

Dream Midtown

PLANO H3 ■ 210 W 55th St, New York, NY 10019 ■ 212 247 2000 ■ www.dreamhotels.com/ midtown ■ $
En el interior de un edificio *beaux-arts* de 1895 restaurado, en el corazón de Midtown. Habitaciones pequeñas y un agradable bar en la azotea, el PHD Terrace.

The Jane

PLANO M2 ■ 113 Jane St, New York, NY 10014 ■ 212 924 6700 ■ www. thejanenyc.com ■ $
Este hotel alternativo ha decorado las habitaciones como camarotes de barco, desde como "el del capitán" hasta espacios con literas. El préstamo de bicicletas está incluido en el precio.

Nesva Hotel

39-12 29th St, Long Island City, NY 11101 ■ 917 745 1000 ■ www.nes vahotel.com ■ $
A solo una parada de metro de Manhattan. Habitaciones minimalistas con muebles de macera de nogal, grandes ventanas con vistas a la línea del cielo y unas bañeras ultra profundas. Entre los servicios, desayuno continental gratuito, centro de negocios y aparcamiento.

Pod 51

PLANO J4 ■ 230 East 51st St, New York, NY 10022 ■ 212 355 0300 ■ www. thepodhotel.com ■ $
Habitaciones limpias y acogedoras, algunas con literas y baño compartido. Entre la tecnología, wifi y conexión para iPod. Un café, terraza en la azotea y buena ubicación. Lo convierten en un hotel a buen precio. En temporada baja, a partir de 75 $.

Ravel Hotel Trademark Collection by Wyndham

PLANO H6 ■ 8-08 Queens Plaza South, Long Island City, Queens, NY 11101 ■ 718 578 4376 ■ www. wyndhamhotels.com ■ $
Justo al otro lado del East River, desde Midtown. Un hotel de cuatro estrellas con excelente relación calidad-precio comparado con Manhattan. Habitaciones con estilo, mobiliario de pino de inspiración nórdica y todas las comodidades. Algunas habitaciones tienen balcón y vistas sensacionales del puente de Queensboro y de la ciudad.

Precios de alojamientos ver p. 172

The Ridge Hotel

PLANO N5 ▪ 151 East Houston St, New York, NY 10002 ▪ 212 777 0012 ▪ www.ridgehotelnyc.com ▪ $

Este moderno hotel de diseño ofrece todas las comodidades habituales además de algunos extras singulares como acceso gratuito a Brain.fm, un servicio musical diseñado para "influir en su estado cognitivo".

Belleclaire Hotel

PLANO F2 ▪ 250 West 77th St, New York, NY 10024 ▪ 212 362 7700 ▪ www.hotelbelleclaire.com ▪ $$

Pocas habitaciones y bien decoradas. Los baños son pequeños y algunos, compartidos. Si viaja con niños, solicite una *suite* familiar. Al estar en pleno Upper West Side queda cerca de las principales atracciones.

Lucerne

PLANO F2 ▪ 201 West 79th St, New York, NY 10024 ▪ 212 875 1000 ▪ www.thelucernehotel.com ▪ $$

Situado en un edificio de 1903, este hotel del Upper West Side ofrece una relación calidad-precio adecuada. Dispone de gimnasio y salas de reunión, un café francés y habitaciones elegantes.

Off SoHo Suites Hotel

PLANO N4 ▪ 11 Rivington St, New York, NY 10002 ▪ 212 353 0860 ▪ www.off-soho.com ▪ $$

Una opción asequible en el corazón del Lower East Side, con habitaciones espaciosas. Las suites económicas ofrecen cocina compartida mientras las suites de lujo de mayor tamaño tienen salón y cocina privada. Los huéspedes tienen acceso a la lavandería y al gimnasio.

The Seton Hotel

PLANO K4 ▪ 144 East 40th St, New York, NY 10016 ▪ 212 889 5301 ▪ www.setonhotelny.com ▪ $$

Una opción popular de rango medio en Midtown; Seton se encuentra a un corto paseo de la Grand Central y el Chrysler Building. Las pequeñas habitaciones de diseño y estilosas ofrecen servicios modernos como TV de pantalla plana y conector de iPod. El hotel ofrece café y té gratis desde las 6.00 hasta las 11.00. También hay máquinas expendedoras en el hotel.

Shoreham

PLANO H3 ▪ 33 West 55th St, New York, NY 10019 ▪ 212 247 6700 ▪ www.shorehamhotel.com ▪ $$

Con la última renovación se han cuidado las texturas y replanteado el uso de la luz. Habitaciones con decoración elegante en tonos pálidos y mármol en los baños. Wifi gratuita, se pueden conectar hasta tres dispositivos al mismo tiempo. El aparcacoches cuesta 45 $ al día.

Washington Square Hotel

PLANO N3 ▪ 103 Waverly Pl, New York, NY 10011 ▪ 212 777 9515 ▪ www.washingtonsquarehotel.com ▪ $$

Un refugio contra las prisas de la ciudad en pleno Greenwich Village. Las habitaciones son y tienen toques de art déco, artículos de baño de C. O. Bigelow y tv de pantalla plana. El desayuno continental está incluido.

Yotel

PLANO K2 ▪ 570 10th Ave, New York, NY 10035 ▪ 646 449 7700 ▪ www.yotel.com ▪ $$

Se inspira en los "hoteles cápsula" asiáticos. Las habitaciones son pequeñas, pero se han diseñado siguiendo los principios de ergonomía: las camas se convierten en sofás y los televisores son de pantalla plana.

Alojamiento económico

A & Faye Bed and Breakfast

9 Marlborough Rd, Brooklyn, NY 11226 ▪ 347 406 9143 ▪ www.aandfayebb.com ▪ $

Dirigido por unos propietarios muy amables, está situado justo al sur de Prospect Park y con seis confortables habitaciones.

American Dream

PLANO L4 ▪ 168 East 24th St, Nueva York, NY 10010 ▪ 212 260 97790 ▪ www.americandreamhostel.com ▪ $

Su buena ubicación y el desayuno continental incluido contribuyen a que sea una buena opción para estancias breves. Todas las habitaciones tienen TV y baño compartido.

Bowery House

PLANO N4 ▪ 220 Bowery, New York, NY 10012 ▪ 212 837 2373 ▪ www.theboweryhouse.com ▪ $

En el momento de publicación de esta guía se encuentra cerrado. Esta pensión de 1927 se ha transformado en un albergue con estilo ubicado en una zona central de Nolita. Cuenta con camarotes con camas individuales con vigas vistas así como con habitaciones dobles. Los baños son compartidos.

Broadway Hotel & Hostel

PLANO D2 ■ **230 West 101st St, Broadway, New York, NY 10025** ■ **212 865 7710** ■ **www. broadwayhotelnyc.com** ■ **$**

En el momento de publicación de esta guía se encuentra cerrado. Este albergue con estilo, situado en una tranquila zona del Upper West Side, Broadway, tiene habitaciones dobles privadas, simples, con TV de pantalla plana y conector de Ipad, y dormitorios de baño compartido o privado. Tiene también una sala común con chimenea y microondas.

Carlton Arms

PLANO L4 ■ **160 East 25th St, New York, NY 10010** ■ **212 679 0680** ■ **www. carltonarms.com** ■ **$**

No dispone de televisión ni teléfono, pero gusta a los jóvenes por su aire bohemio, las estancias vanguardistas y los murales de promesas de la pintura neoyorquina. Menos de la mitad de las 54 habitaciones tienen baño propio.

Harlem Flophouse

PLANO C3 ■ **242 West 123rd St, New York, NY 10027** ■ **212 662 0678** ■ **www.harlem flophouse.com** ■ **$**

Casa restaurada del siglo XIX con cuatro habitaciones con lavabo propio y dos baños compartidos. La decoración y el mobiliario evocan el ambiente del viejo mundo.

HI New York City Hostel

PLANO D2 ■ **891 Amsterdam Ave, New York, NY 10025** ■ **212 932 2300** ■ **www.hiusa.org** ■ **la mayoría sin cuarto de baño** ■ **$**

No hay límite de edad para reservar una de las camas disponibles, distribuidas en habitaciones de entre 4 y 12 ocupantes. Cuenta con un bar, una cafetería y una cocina compartida y hay Wifi gratuita.

Hotel 31

PLANO L4 ■ **120 East 31st St, New York, NY 10016** ■ **212 685 3060** ■ **www.hotel31.com** ■ **$**

Este inmueble histórico construido en 1928 tiene 60 habitaciones sencillas, pero adecuadas, con aire acondicionado y TV por cable. Las más baratas tienen lavabo y baño compartidos, mientras que las más caras cuentan con baño privado.

Jazz on Columbus Circle Hostel

PLANO H3 ■ **940 8th Ave, New York, NY 10019** ■ **646 876 9282** ■ **www. jazzhostels.com** ■ **$**

Este albergue está situado cerca del Central Park y el Time Warner Center. Ofrece dormitorios limpios y habitaciones privadas. Tiene también TV en cada piso. Incluye otros servicios como lavadoras, almacenamiento de equipaje gratis antes de registrarse, desayuno, máquinas expendedoras y taquillas gratis en las habitaciones.

LIC Hotel

PLANO H6 ■ **44-04 21st St, 44th Ave, Long Island City, NY 11101** ■ **718 406 9788** ■ **www.lichotelny.com** ■ **$**

Una opción moderna tipo motel. Este hotel ofrece un grupo de habitaciones bien cuidadas con suelos de madera y TV de pantalla plana. La azotea es un estupendo lugar para relajarse durante el buen tiempo. El hotel sirve un desayuno buffet de cortesía.

The Local NYC

PLANO H6 ■ **13-02 44th Ave, Long Island City, Queens, NY 11101** ■ **347 738 5251** ■ **www.thelocalny.com** ■ **$**

Situado a solo diez minutos en metro de Gran Central, presenta unos elegantes interiores en blanco y cuenta con un acogedor bar y acceso a la cocina.

Microtel Inn by Wyndham Long Island City

2912 40th Ave, Queens, NY 11101 ■ **718 606 6850** ■ **www.wyndhamhotels. com** ■ **$**

Este establecimiento de una cadena de moteles ofrece muchas cosas (aunque no es tan barato como los de su cadena, fuera de la ciudad). Las habitaciones son modernas, limpias, con camas grandes y cuartos de baño sencillos.

NY Moore Hostel

179 Moore St, entre Bushwick and White, East Willamsburg, Brooklyn, NY 11206 ■ **347 227 8634** ■ **www.nymoorehostel. com** ■ **$**

Un albergue amigable con habitaciones impecables y mobiliario ecléctico que incluye sofás antiguos y camas modernistas. El albergue está cerca de la estación de metro Morgan Avenue y es un viaje corto en metro a Manhattan.

Precios de alojamientos ver p. 172

Índice general

Los números en **negrita** remiten a los lugares de mayor interés.

Agradecimientos

Autor

Eleanor Berman

Otras colaboraciones

AnneLise Sorensen

Dirección editorial Georgina Dee

Edición Vivien Antwi

Dirección de arte Phil Ormerod

Equipo de edición Ankita Awasthi-Tröger, Michelle Crane, Rebecca Flynn, Rachel Fox, Fíodhna Ní Ghríofa, Freddie Marriage, Sally Schafer, Christine Stroyan

Diseño de cubierta Maxine Pedliham, Vinita Venugopal

Diseño Richard Czapnik, Sunita Gahir

Iconografía Phoebe Lowndes, Susie Peachey, Ellen Root, Oran Tarjan

Cartografía James Macdonald, Suresh Kumar, Reetu Pandey

DTP Jason Little, Azeem Siddiqui, George Nimmo

Ilustración Chris Orr & Associates

Documentación fotográfica

Steven Greaves, Dave King, Tim Knox, Norman McGrath, Michael Moran, Chris Stevens, Rough Guides/Curtis Hamilton, Rough Guides/Nelson Hancock, Rough Guides/Angus Osborn, Rough Guides/Greg Roden, Rough Guides/Susannah Sayler.

Créditos fotográficos

Los editores quieren agradecer a las siguientes entidades su amabilidad al conceder el permiso necesario para reproducir sus fotografías:

(**Clave:** a-arriba; b-abajo; c-centro; l-izquierda; r-derecha; t-arriba del todo)

9/11 Tribute Museum: Unified Field 82cra

Alamy Stock Photo:: AA World Travel Library 56br; Tomas Abad/Metropolitan Museum of Art Petite danseuse de quatorze ans, executed ca. 1880; cast in 1922, by Edgar Degas 35cra; The Art Archive 86tr; Mike Booth 23crb; Robert K. Chin 98t, / Storefronts 113br; Richard Cummins 88bc; Randy Duchaine 57cla, 157cl; epa european pressphoto agency b.v. 13cl; Everett Collection Historical 92tl; Alexander Farmer 40-1c; David Grossman 140tr; Hemis 106tr; Historic Collection 46bl; JLImages 16cla; Terese Loeb Kreuzer 87bl; MediaPunch Inc / Ralph Dominguez 156bl Patti McConville 31b, 92cr, 131br, 138cra; Ellen McKnight 41tl; Sean Pavone 4cra; PCN Photography 75tr; Prisma Bildagentur AG/Heeb Christian 69br; Radharc Images 13tl; Sergi Reboredo 118bl; Ivo Roospold 80b; Philip Scalia 110cl; Marc Tielemans 73cla; UPI / John Angelillo 43b; WENN Ltd 65bl.

American Museum of Natural History Library: 41br; Denis Finnin 42tr, 42cl.

Artists & Fleas: 120tl

BeccaPR: Daniel Krieger 66t.

Blake Zidell & Associates: 152tl.

Bobby Van's Steakhouse: 83bl.

Brand Library: Charles O Steinberg 106clb.

Brooklyn Children's Museum: 159cla.

Boulud Sud: 147cra.

Corbis: Atlantide Phototravel/Massimo Borchi 144bl; Bain News Service 24bl; Bettmann 19b, 31tl, 47tl; Alex Geana 71crb; imageBROKER/Daniel Kreher 2tr, 44-5; The Jim Heimann Collection 19cl; Bob Krist 11bl; Theodore C. Marceau 112ca; Walter McBride 29br; Abraham Nowitz 41tl.

Daniel Restaurant: Eric Laignel 66clb.

Richard Czapnik: 21cr, 121br.

Depositphotos Inc: Felixtm 22-23c.

The Door Idea House / Lelie Rooftop: 68b

Dorling Kindersley: Chinatown Ice Cream Factory/Steven Greaves 94br; courtesy of Lincoln Center/Steven Greaves 142bl; New York City Fire Museum/Steven Greaves 103br; Russ and Daughters/Steven Greaves 98bl.

The Drawing Center: 51cl.

Dreamstime.com: Alexpro9500 34br; Andersastphoto 67tr; Matthew Apps 14bl; Zeynep Ayse Kiyas Aslanturk 116bl; Sergio Torres Baus 161tl; Andrey Bayda 13r; Bcbounders 21br; Maciej Bledowski 6tr; Bigapplestock 57tr, 58t, 140bl; Jon Bilous 49tr; Bojan Bokic 16-17c; Breakers 104t; Mike Clegg 11tr, 29tr, 48tr; Jerry Coli 28bl, 63tr; Cpenler 78tl; Giuseppe Crimeni 82bl; Brett Critchley 10c; Cyberfyber 4t; Songquan Deng 32-33ca, 52bl, 74tl; Dibrova 20-21, 80tl; Dragoneye 46ca; Etstock 137tl; Manuel Hurtado Ferrández 37b; F11photo 4cla, 4br, 138bl; Gary718 7tr, 11ca; Giuseppemasci 38-39c; Gran Turismo 108cr; Joe Grossinger 47bl; Jorg Hackemann 11crb; Dan Henson 4crb; Laszlo Halasi 17c; Wangkun Jia 115br; Jeremyreds 53bl; Jgaunion 129cl; Jjfarq 71cla, 102bl, 110tr; Julia161 133cr; Vichaya Kiatyingangsulee 127t; Kmiragaya 20bl; Jan Kratochvila 23cra; Kropic 3tr, 162-163; Lavendertime 91t; Littleny 22clb, 73tr, 108tl; Brian Logan 60tl; Marcorubino 150cr; Ilja Mašík 134-135; mentat 4clb; Luciano Mortula 4bl, 28-29c; Vladimir Mucibabic 17br; Carlos Neto 54crb; Oriol Oliva 58bc; Palinchak 72t; Yooran Park 20cla; Sean Pavone 24cr, 25b, 32crb, 54t, 97b, 122tl, 136b, 136tl; Metropolitan Museum of Art painted gold funerary mask (10th–14th century) from the necropolis of Batán Grande,

Peru Gift and Bequest of Alice K. Bache, 1974, 1977 34clb; William Perry 79bl; Prillfoto 52tl; Radekdrewek 28cl, 75c; Rcavalleri 56tl; Sangaku 7cra; Mykhailo Shcherbyna 128br; Shiningcolors 111bl; Marcio Silva 14-5c; Lee Snider 70t; Stockshooter 11tl; Alyaksandr Stzhalkouski 3tl, 76-77; Travnikovstudio 12bl; Tupungato 55tr, 81clb, 146tl;Vacclav 85t; Victorianl 10l, 90tl; Vitalyedush 115t; Gao Wenhao 34-3 5c; Lei Xu 11cra; Mark Zhu 95cl; Zhukovsky 81tc, 125cl.

Eataly: Virginia Rollison 119cr.

Economy Candy: 100b.

Freemans/Mediacraft: 101cr.

Getty Images: Andrew Burton 49br; Mike Coppola 89cla; Kim Grant 61tr; Siegfried Layda 143tr; MPI 23tl; Peter Pesta Photography 69tl; Cindy Ord 62t; Stringer/Jason Kempin 65tr; Universal History Archive/UIG 24tl.

Gramercy Tavern: Daniel Krieger 67clb.

iStockphoto.com: AndreaAstes 93tl; E+/ GCShutter 2tl, 8-9, 26-27; JayLazarin 114tl; Joel Carillet 121tl; Roman Tiraspolsky 129tl; TomasSereda 1.

© Jeff Koons: Tom Powel Imaging 50tl.

Leslie-Lohman Museum of Art: Chitra Ganesh, A city will share her secrets if you know how to ask, 2020, site-specific QUEERPOWER public art installation / Kristine Eudey, 2021 60b.

New York Philharmonic: Chris Lee 72bl.

Paul Kasmin Gallery: Paul Kasmin Gallery 51br.

The Dutch: Noah Fecks 107cla.

The Solomon R. Guggenheim Museum, New York/Thannhauser Collection, Gift, Justin K. Thannhauser, 1978: *Naturaleza muerta: frasco, vaso y jarra* ca. 1877 Paul Cézanne 39tl; *Haere Mai* 1891 Paul Gauguin 39br;

Montañas de Saint-Rémy 1889 Vincent Van Gogh 38bl.

The Metropolitan Museum of Art: *Los segadores*, 1565 de Pieter Bruegel the Elder Rogers Fund, 1919 (19.164) 36cl; *Card players* (1890) Cezanne, Bequest of Stepehn C. Clark, 1960 (61.101.1) 11cl; The Cloisters Collection, 1962 37tl; Jubón francés de la década de 1620 The Costume Institute Fund, en recuerdo de Polaire Weissman, 1989 (1989.196) 34-5t; *La terraza de Sainte–Adresse* (1867) de Claude Monet, Compra, contribuciones y fondos donados por los amigos del Museo, 1967 (67.241) 36tr.

The Red Cat: 125cl.

Saks Fifth Avenue: 130bl.

Tishman Speyer: 18cra, 18cr, 18bl; Dorling Kinderlsey 10cb, 16bl, 17tr, 126tl.

Cubierta

Delantera y lomo – iStockphoto.com: TomasSereda.
Trasera – Alamy Stock Photo: John Kellerman tr; **Dreamstime.com:** Albachiaraa crb, Ryan Deberardinis tl, Travnikovstudio cla; **iStockphoto.com:** TomasSereda b.

Mapa desplegable de la cubierta

iStockphoto.com: TomasSereda.

Resto de imágenes: © Dorling Kindersley. Para más información ver www.dkimages.com.

De la edición española
Coordinación editorial Cristina Gómez de las Cortinas
Servicios editoriales Moonbook
Traducción DK

Impreso y encuadernado en Malasia

Publicado originalmente en Gran Bretaña en 2002 por Dorling Kindersley Limited DK, One Embassy Gardens, 8 Viaduct Gardens, London SW11 7BW, UK

Copyright 2002, 2022 © Dorling Kindersley Limited Parte de Penguin Random House

Título original Eyewitness Travel Top 10 New York City Decimoquinta edición, 2023

ISBN 978-0-2416-2816-4

MIXTO
Papel | Apoyando la selvicultura responsable
FSC™ C018179

Este libro se ha impreso con papel certificado por el Forest Stewardship Council™ como parte del compromiso de DK por un futuro sostenible. Para más información, visita www.dk.com/our-green-pledge